Schneeschuhwanderung bei grandiosem Wetter in einer märchenhaften Landschaft zwischen Tromsø und Sommarøy , Norwegen

Parken unterm Nordlicht am See Kilpisjärvi, Finnland
Blende 2,8, 5 sec, 24 mm, ISO 1000

Band 453

OutdoorHandbuch

Dirk Heckmann

Wintercamping in Nordskandinavien

Wintercamping

Der Autor und der Verlag sind für Lesertipps und Verbesserungen (besonders per E-Mail) unter Angabe der Auflagen- und Seitennummer dankbar.

Dieses OutdoorHandbuch hat 192 Seiten mit 53 farbigen Abbildungen sowie 8 farbigen Kartenskizzen im Maßstab 1:2.500.000, 3 farbigen Länderkarten und einer farbigen, ausklappbaren Übersichtskarte. Es wurde auf chlorfrei gebleichtem, FSC®-zertifiziertem Papier gedruckt, in Deutschland klimaneutral hergestellt und transportiert und wegen der größeren Strapazierfähigkeit mit PUR-Kleber gebunden.

FSC www.fsc.org MIX Papier aus verantwortungsvollen Quellen FSC® C009051

Klimaneutral Druckprodukt ClimatePartner.com/10951-1912-1003

Dieses Buch ist im Buchhandel und in Outdoor-Läden erhältlich und kann im Internet oder direkt beim Verlag bestellt werden.

OutdoorHandbuch aus der Reihe „Der Weg ist das Ziel", Band 453

ISBN 978-3-86686-641-6 1. Auflage 2020

Text und Fotos: Dirk Heckmann
Karten: Heide Schwinn
Lektorat: Amrei Risse
Layout: Alexandra Sauerland

Gesamtherstellung: gutenberg beuys feindruckerei

Dieses OutdoorHandbuch wurde konzipiert und redaktionell erstellt vom:

Conrad Stein Verlag GmbH, Kiefernstr. 6, 59514 Welver,
☎ 023 84/96 39 12, FAX 023 84/96 39 13,
info@conrad-stein-verlag.de,
www.conrad-stein-verlag.de

Besuchen Sie uns bei Facebook & Instagram:

www.facebook.com/outdoorverlag

www.instagram.com/outdoorverlag

Titelfoto: Sternenbahn und Nordlicht im Pallastunturi-Nationalpark, Finnland
Blende 4, 20 sec, 11 mm, ISO 1600, 51 Aufnahmen

Inhalt

Einleitung

Was soll ich denn bitteschön im Dunkeln im Winter in Skandinavien und auch noch oberhalb des Polarkreises? Keine Sonne und dazu noch Eiseskälte? Diese Frage stellte ich mir vor meiner ersten Reise ins winterliche Skandinavien auch. Ich war vorher schon mehrmals mit dem Wohnmobil im Sommer in Norwegen und Schweden unterwegs gewesen. Es war toll, wenn die Sonne oberhalb des Polarkreises den ganzen Tag zu sehen war. Und an der norwegischen Küste waren die Temperaturen dank des Golfstroms auch angenehm warm. Aber im Winter auf vereisten und verschneiten Straßen unterwegs sein?

Doch diese auf den ersten Blick nicht gerade einladenden äußeren Bedingungen konnten mich letztlich nicht von meinem Plan abhalten, im Winter mit einem Wohnmobil in den hohen Norden zu fahren, denn ich wollte unbedingt einmal das Nordlicht (Polarlicht, Aurora borealis) am Nachthimmel tanzen sehen.

Im März 2015 war ich das erste Mal für zwei Wochen auf den norwegischen Lofoten und in Abisko in Schweden unterwegs. Dank des Wohnmobils konnte ich mich gut nach dem Wetterbericht richten und flexibel entweder an der Küste oder im Landesinneren nach dem Nordlicht Ausschau halten. Und ich hatte riesiges Glück: Mehrmals konnte ich es sehr intensiv am Abendhimmel beobachten. Übrigens: Im März geht die Sonne auch oberhalb des Polarkreises schon längst wieder auf, denn März ist schließlich bereits der Monat der Tagundnachtgleiche (Äquinoktium).

Ich war jetzt total begeistert. Das wollte ich unbedingt noch einmal sehen. Doch dieses Mal wollte ich nicht „nur" wegen des Nordlichts gen Norden reisen, sondern auch die vielen Möglichkeiten für Freizeitaktivitäten im Winter nutzen: Schneeschuhwanderungen, Schneemobil- und Hundeschlittentouren unternehmen und auch mal die Langlaufskier unterschnallen. Und es sollte nicht wie bis jetzt immer über Norwegen oder Schweden gehen – dieses Mal wollte ich über Finnland weiter Richtung Norden gelangen.

Alles in allem bin ich seit 2017 in drei Wintern zu unterschiedlichen Zeiten für jeweils knapp zwei Monate oberhalb des Polarkreises mit einem Wohnmobil unterwegs gewesen.

Die atemberaubenden winterlichen Lofoten und Vesterålen, die Insel Senja, das wunderschöne Tromsø, das Tor zur Arktis mit seiner spektakulären Umgebung, die Konvoifahrt zum verschneiten Nordkap, die weiten Landschaften Finnlands mit den märchenhaften Fjells, Abisko, einer der Hotspots für die Nordlichtbeobachtung, der Polar Park bei Bardu, das Icehotel von Jukkasjärvi, Walsafaris in Andenes, Orcabeobachtungen, Hundeschlittentouren durch unberührte Landschaften, Schneeschuhwanderungen oder Fahrten mit Schneemobilen nachts über den Inarisee in Finnland, auf der Suche nach dem Nordlicht, Wanderungen auf Hunderten von Kilometern gespurten Langlaufloipen ... Es gibt so unglaublich viel, was Sie im Winter in Nordskandinavien unternehmen können!

Ja, es kann auch richtig kalt werden. -33 °C war meine kälteste Nacht. Erlebt habe ich sie im finnischen Äkäslompolo. Aber für die heutigen, winterfesten Wohnmobile sind solche Temperaturen kein Problem. Und diese Temperaturen sind gut zu ertragen, da es eine trockene Kälte ist, nicht so feucht wie in unseren Breitengraden. Zudem dauern diese extremen Minusgrade auch nicht mehrere Wochen und werden, wenn überhaupt, in den Monaten Januar und Februar gemessen. Außerdem heißt es: Je kälter die Nächte, desto schöner leuchtet das Nordlicht - man muss eben Kompromisse eingehen!

Meine Erfahrungen von diesen Reisen möchte ich in diesem Buch gerne weitergeben. Aufgrund des Feedbacks zu Artikeln, die ich über das Wintercamping in Nordskandinavien geschrieben habe (z. B. auf www.freeontour.de), weiß ich, dass viele Menschen gerne eine Reise in das winterliche Skandinavien unternehmen würden, aber doch unsicher sind, ob und wie das machbar ist.

In diesem Buch möchte ich versuchen, Ihre Bedenken, die Sie vielleicht vor solch einer faszinierenden Reise zum Nordlicht haben, aus dem Weg zu räumen.

Lesen Sie sich die vielen Tipps durch und schauen Sie sich die Fotografien von diesen traumhaften, vielfältigen Winterlandschaften in Nordskandinavien an (weitere Fotografien auf www.heckmann.photos). Dann werden Sie erkennen, dass es absolut lohnend und auch kein Hexenwerk ist, sich mit einem Wohnmobil im Winter oberhalb des Polarkreises bis hoch zum Nordkap fortzubewegen und aufzuhalten! Wenn Sie Fragen haben, die vielleicht nicht durch das Buch ausreichend geklärt werden konnten, mailen Sie mir doch einfach unter dirk@heckmann.photos. Ich würde mich freuen, wenn ich Sie bei Ihrer Vorbereitung auf dieses wunderbare Tour unterstützen kann.

Ich wünsche allen eine traumhafte Zeit in dieser Wintermärchenlandschaft und viel Erfolg auf der Jagd nach dem Nordlicht!

Ihr Dirk Heckmann

Land und Leute

Unberührte Winterlandschaft zwischen Inari und Levi, Finnland

Finnland

Die Republik Finnland ist eine parlamentarische Demokratie und grenzt mit ihrer Gesamtfläche von 338.440 km^2 an Schweden und Norwegen sowie im Osten an Russland. Im Westen liegt der Bottnische Meerbusen. Finnland ist das siebtgrößte Land Europas, 5,4 Mio Menschen leben hier. Die durchschnittliche Bevölkerungsdichte liegt bei 18,1 Einwohnern/km^2. Im Süden Finnlands, in der Region in und um die Hauptstadt Helsinki herum, sind es über 130 Einwohner/km^2, in Lappland nicht einmal 2. 70 % des Landes sind bewaldet, 10 % des „Landes der tausend Seen" (über 187.000 Seen) von Wasser bedeckt. Die größte Nord-Süd-Ausdehnung beträgt 1.157 km und die größte Ost-West-Ausdehnung 542 km.

Die offiziellen Landessprachen sind Finnisch (88,9 %) und Schwedisch (5,3 %). 1.900 Einwohner haben Sámi als Muttersprache. Seit dem 6. Dezember 1917 ist Finnland unabhängig und seit dem Jahr 1995 Mitglied der EU. Die Währung ist der Euro. Es gilt die osteuropäische Zeit (MEZ + 1 Stunde).

In Finnland herrscht Kontinentalklima mit kalten Wintern und warmen Sommern. Süd- und Mittelfinnland können 10-15 Hitzetage mit über 25 °C haben, Nordfinnland und die Küstenregionen kommen auf nur 5-10 Hitzetage. Die Winter sind von Oktober/November bis April/Mai schneereich. Von Mitte November bis Mitte Januar ist es nur wenige Stunden am Tag hell.

Norwegen

Das Königreich Norwegen liegt auf der Skandinavischen Halbinsel und grenzt im Nordosten an Finnland und Russland, im Osten an Schweden. Im Westen wird es vom Atlantik begrenzt. Auf einer Fläche von 386.958 km^2 (inkl. Spitzbergen) leben 5,3 Mio Menschen, was einen Durchschnitt von 13 Einwohnern/km^2 bedeutet. Hauptstadt ist Oslo und die Währung die norwegische Krone (NOK). Norwegen ist kein Mitglied der Europäischen Union.

Die Amtssprache ist Norwegisch, mit den Varianten Bokmål und Nynorsk. In den nördlichen Regionen wird auch Sámi gesprochen.

Der Nordatlantische Strom, ein Ausläufer des warmen Golfstroms, der an der Westküste des Landes vorbeizieht, und die Passatwinde sorgen trotz der sehr nördlichen Lage für ein mildes Klima. Die Küstengewässer Nordnorwegens sind auch im Winter eisfrei. In den kältesten Monaten (Januar und Februar) wird es auf den Lofoten oder in und um Tromsø selten kälter als -10 °C.

Im Landesinneren der Finnmark ganz im Norden Norwegens herrscht das kontinentale Klima und es werden schon mal Temperaturen unter -20 °C erreicht.

Mit seinen über 150.000 Inseln und den vielen Fjorden hat das Land eine 80.000 km lange Küstenlinie, hinter Kanada die zweitlängste Küstenlinie weltweit.

Schweden

Mit einer Größe von 447.435 km^2 ist das Königreich Schweden das größte der skandinavischen Länder. Etwa 10,5 Mio. leben im östlichen Teil der skandinavischen Halbinsel, was eine Bevölkerungsdichte von 23 Einwohnern/km^2 bedeutet. Aber wie in Finnland und Norwegen lebt der Großteil der Bewohner im Süden des Landes, wo auch die Hauptstadt Stockholm liegt. Das Land grenzt im Westen und Norden an Norwegen und im Nordosten an Finnland. Im Osten wird das Land durch den Bottnischen Meerbusen begrenzt.

Die längste Nord-Süd-Ausdehnung beträgt 1.572 km, in Ost-West-Richtung sind es maximal 499 km.

Die offizielle Landessprache ist Schwedisch, Sámi zählt zu einer der anerkannten Minderheitssprachen. Schweden ist Mitglied der Europäischen Union. Der Euro wurde aber nicht als Währung eingeführt, sondern die schwedische Krone (SEK) behalten.

Der Süden des Landes liegt auch im Einflussbereich des warmen Golfstroms, der im Winter trotz der nördlichen Lage für milde Temperaturen sorgt. Der Norden des Landes mit Lappland und der Region nördlich des Polarkreises hat im Winter polares Klima. Die Durchschnittstemepraturen liegen bei -14 °C, Temperaturen von unter -40 °C sind möglich. Der Bottnische Meerbusen ist in den nördlichen Regionen im Winter oft zugefroren.

Reise-Infos von A bis Z

Natürliche Eisskulptur am Ufer des Torneträsk, Schweden

Anreise

Anreise nach Finnland

Mit Finnlines (💻 www.finnlines.com)

Die Überfahrt von Travemünde nach Helsinki dauert in beide Richtungen rund 29 Std. Strom für Wohnmobile kann man auf der Fähre bekommen.

- Hafenanschrift Travemünde: Skandinavienkai, Zum Hafenplatz 1, 23570 Lübeck-Travemünde, ☏ Check-in: +49/(0)45 02/80 56 32. Die Überfahrt startet täglich um 3:00. Der Check-in in Travemünde öffnet um 21:00.

  Höhere Fahrzeuge (u. a. Wohnmobile) müssen erst gegen 23:00 zum Check-in kommen.
- Hafenanschrift Vuosaari Helsinki: Vuosaaren satama, Hansaterminaali, Provianttikatu 5, 00980 Helsinki, ☏ Check-in: +358/(0)10/343 48 10. Die Überfahrt startet täglich um 17:00 (Ortszeit). Der Check-in öffnet 3,5 Std. vor Abfahrt und schließt 2 Std. vor Abfahrt.

Anreise nach Schweden

Mit Finnlines (💻 www.finnlines.com)

Fähren starten von Travemünde aus nach Malmö.

- Hafenanschrift Travemünde: Skandinavienkai, Zum Hafenplatz 1, 23570 Lübeck-Travemünde, ☏ Check-in: +49/(0)45 02/80 56 32
- Hafenanschrift Malmö: Norra Hamnen, Lappögatan 3B, 21124 Malmö, ☏ +46/40 17 68 00

Mit Scandlines (💻 www.scandlines.de)

Die Fähren fahren von Rostock nach Gedser (DK), es gibt 9 Abfahrten pro Tag. Von Puttgarden nach Rødby (DK) fährt alle 30 Min. eine Fähre. Dann geht es weiter von Helsingør (DK) nach Helsingborg in Schweden oder über die (mautpflichtige) Öresundbrücke nach Schweden.

Mit TT-Line (💻 www.ttline.de)

Streckennetz: Travemünde–Trelleborg (im Winter 2-4x tägl.) und Rostock–Trelleborg (2-3x tägl.).

- Kontakt nur per Mail über die Kontaktformulare auf der Website: 💻 https://ttline.com/de/passage/kundenservice/

Mit Stena Line (💻 www.stenaline.de)

Streckennetz: Kiel–Göteborg (1x täglich, Dauer 14,5 Std.), Rostock–Trelleborg (2-4x tägl.), Sassnitz–Trelleborg, Frederikshavn (DK)–Göteborg (bis zu 6x tägl., Dauer ca. 3,5 Std.). Frederikshavn (DK)–Göteborg (bis zu 6x tägl.) und Grenå (DK)–Varberg (SWE) (bis zu 2x tägl.) sind zwei kurze Fährverbindungen über das Kattegat.

♦ ☏ +49/(0)1 80/602 01 00

Anreise nach Norwegen

Mit Scandlines (💻 www.scandlines.de)

Die Fähren fahren von Rostock nach Gedser (DK), es gibt 9 Abfahrten pro Tag. Von Puttgarden nach Rødby (DK) fährt alle 30 Min. eine Fähre. Danach geht es weiter mit der Reederei DFDS (💻 www.dfdsseaways.de) von Kopenhagen (DK) nach Oslo.

Mit Colorline (💻 www.colorline.de)

Von Kiel geht es über Nacht nach Oslo. Das Unternehmen bietet aber auch Überfahrten vom dänischen Hirtshals ins norwegische Kristiansand oder nach Larvik oder vom schwedischen Strømstad nach Sandefjord (N) an.

♦ ☏ +49/(0)4 31/730 01 00

Mit Fjordline (💻 www.fjordline.de)

Fjordline bringt Sie vom dänischen Hirtshals ins norwegische Kristiansand, Langesund und Stavanger/Bergen.

♦ ☏ +49/(0)38 21/709 72 10

Mit Stena Line (💻 www.stenaline.de)

Mit Stena Line können Sie von Frederikshavn in Dänemark über Nacht in die norwegische Hauptstadt Oslo fahren (Dauer zwischen 10 und 12 Std.)

♦ ☏ +49/(0)1 80/602 01 00

☞ Informationen zur Weiterreise zum Polarkreis finden Sie ab S. 91.

Camping

Campingplätze sind im Norden Skandinaviens ausreichend vorhanden, aber leider haben im Winter nicht alle geöffnet. Doch da das Wintercamping immer beliebter wird, überlegen einige Campingplatzbetreiber gerade, einige Stellplätze freizuräumen, um auch in dieser Zeit Gäste aufnehmen zu können. Und das Servicehaus zu beheizen, ist nicht das Problem.

Es gibt allerdings auch gegenteilige Überlegungen einiger Campingplatzbesitzer – besonders in den im Winter beliebten Orten (z. B. auf den Lofoten) –, die Anzahl ihrer Wohnmobilstellplätze zu verringern oder sie ganz abzuschaffen und lieber Hütten für Gruppenreisende zu errichten. Hier denken die Campingplatzbetreiber hauptsächlich an Fotogruppen aus dem asiatischen Raum, die die Inseln in großer Zahl im Winter besuchen.

In Finnland gibt es an den Skigebieten in der Fjellregion oftmals Campingplätze, die auch im Winter geöffnet haben. Und die Finnen haben stets eine Sauna auf ihren Campingplätzen. Es ist immer ein Traum, nach einem Tag in der Kälte in die Sauna zu gehen.

In Nordschweden oberhalb des Polarkreises sind die im Winter geöffneten Campingplätze recht rar, zumindest entlang der von mir befahrenen Straßen. Gut ist, dass es in der Region des Sees Torneträsk nahe der Aurora Sky Station, einem der Nordlichtbeobachtungs-Hotspots, einen ganzjährig geöffneten Campingplatz gibt (Björkliden).

In Norwegen gibt es oberhalb von Alta entlang der E6/E69 auf den letzten knapp 250 km bis hoch zum Nordkap keinen Campingplatz mehr. In dem Bereich zwischen Alta und Tromsø gibt es drei ganzjährig geöffnete Campingplätze.

Auf der Insel Senja finden Sie ebenfalls einen ganzjährig geöffneten Campingplatz. Einige Ortschaften haben für Wohnmobilisten Stellflächen errichtet, zwar ohne jeglichen Service, aber immerhin!

Auf den Inselgruppen der Vesterålen und Lofoten können entlang der beschriebenen Routen acht ganzjährig geöffnete Campingplätze genutzt werden. Auf den Vesterålen finden Sie einen in Bleik, Sortland und Gullesfjordbotn. Auf den Lofoten gibt es Campingplätze in Sildpollnes, Svolvær, Valberg, Ramberg und Moskenes.

Es ist absolut ratsam, den ausgewählten Campingplatz vorab zu kontaktieren und sich anzukündigen. So haben die Betreiber die Chance, wenn nötig, den Platz von Schnee und Eis zu befreien.

Eine interessante Investition ist die Camping Key Europe Card (CKE). Mit ihr erhalten Sie auf recht vielen Campingplätzen Rabatte, auf Campingplätzen einen Versicherungsschutz, Ermäßigung auf ausgewählte Campingartikel etc.

ADAC-Mitglieder bekommen die Karte vergünstigt.

www.adac-shop.de/Camping/Camping-Key-Europe/

Auf den meisten Campingplätzen gibt es Gratis-WLAN, mal mehr, mal weniger gut. Je näher Sie bei den Servicehäusern stehen, desto besser ist das Wlan. Das oftmals benötigte Passwort erhalten Sie an den Rezeptionen.

Preise

In Norwegen sind die Preise recht unterschiedlich. Auf den Lofoten z. B. liegen die Übernachtungspreise (Wohnmobil plus zwei Personen) im Winter bei um die NOK 300. Meistens müssen Sie noch den Strom (ca. NOK 20) zusätzlich bezahlen. In Alta liegen die Übernachtunspreise unter NOK 300 (inklusive Strom). Bei einigen Plätzen sind die Duschen kostenlos, bei anderen zahlen Sie für etwa 5 Min. Duschen NOK 5 bis 10.

In Schweden liegen die Übernachtungspreise bei etwa SEK 230-300 (ohne Strom). Auch hier gilt, dass Sie auf einigen Plätzen die Duschen mit Warmwasser kostenlos nutzen können, während andere eine Gebühr erheben.

Die Übernachtungen auf finnischen Campingplätzen kosten zwischen € 18 und € 25 (ohne Strom), Strom ca. € 5 extra. Mal sind die Duschen kostenlos, mal gegen Aufpreis nutzbar. Bei vielen Plätzen ist die Benutzung der Sauna gratis.

Informationen zu den Campingplätzen der jeweiligen Länder erhalten Sie auf folgenden Internetseiten:

- www.camping.no, www.campingportalen.de
- www.camping.se
- www.camping.fi

Einreise

Für einen touristischen Aufenthalt von bis zu drei Monaten benötigen Sie für die Einreise in die skandinavischen Länder einen gültigen (vorläufigen) Personalausweis oder (vorläufigen) Reisepass. Kinder brauchen einen Kinderausweis.

Einkaufen und Preise

Das Einkaufen von Lebensmitteln ist auch oberhalb des Polarkreises kein Problem. Selbst in den kleineren Ortschaften finden Sie in den drei Ländern meist einen kleinen Supermarkt. Die Auswahl ist in diesen Geschäften zwar nicht so groß, aber die Grundnahrungsmittel bekommen Sie dort allemal. In den größeren

Ortschaften sind die Supermärkte gut bestückt. Nördlich von Alta entlang der E6 oder von Lakselv kommend Richtung Nordkap finden Sie nicht sehr viele Einkaufsmöglichkeiten.

In den größeren Orten haben die Supermärkte auch am Sonntag geöffnet.

Lebensmittelpreise

Immer wieder ist zu lesen, dass es sehr teuer sei, in Skandinavien zu reisen. Doch diese Aussage stimmt nicht mehr für alle Branchen. So gleichen sich die Lebensmittelpreise mehr und mehr unseren Preisen an. Seit sich u. a. deutsche Supermarktketten im Norden etablieren, hat sich bei den Preisen einiges getan.

Schweden z. B. ist beim durchschnittlichen Lebensmittelpreis etwa 1,27-mal teuerer als Deutschland. Die Preise variieren zwischen Süd- und Nordschweden und auch zwischen Stadt und ländlicher Gegend. Der Norden ist etwas teurer als der Süden, die ländliche Region etwas teurer als die Stadt. Der Gemüse- und Obstanbau wird in Schweden nicht so subventioniert wie in Deutschland, daher sind die Preise für Kartoffeln, Gemüse und Obst um ca. 30 % höher. Was in Schweden nur knapp über den deutschen Preisen liegt, sind Fisch und Schalentiere. Und die Ware bekommen Sie immer ganz frisch!

Alkoholische Getränke unter 3,5 Vol.-% Alkoholgehalt bekommen Sie in Lebensmittelläden oder auch an Tankstellen. Alles, was darüber liegt, können Sie nur in Geschäften des staatlichen Unternehmens Systembolaget kaufen. Bier aus Schweden muss nicht unbedingt teurer sein als Bier in Deutschland. Wein und hochprozentigere Spirituosen sind hingegen etwa 3-mal so teuer.

Beim Essengehen im Restaurant liegen die Preise etwa 1,34-mal höher als im Durchschnitt in Deutschland.

In **Finnland** variieren die Preise auch von Süd nach Nord und auch hier ist der Norden etwas teurer. Im Vergleich zu den schwedischen Lebensmittelpreisen ist es in Finnland im Durchschnitt gleich teuer! Was Sie in Finnland günstig kaufen können und von sehr guter Qualität ist, sind frischer Fisch und andere Meeresprodukte.

Auch in Finnland bekommen Sie den Alkohol nur in speziellen, vom Staat kontrollierten Geschäften (Alko). Die Finnen haben 2018 ihre Alkoholpolitik gelockert, jetzt dürfen Getränke mit einem Alkoholgehalt von bis zu 5,5 Vol.-% in Supermärkten verkauft werden (statt wie bisher nur Getränke mit max. 4,7 Vol. %). Das reicht zwar noch nicht für den Verkauf von Wein im Supermarkt, aber für stärkeres Bier und ein sehr beliebtes Getränk, den Lonkero, einen Gin-Grapefruitlimo-Drink. Für Spirituosen zahlen Sie in Finnland etwas mehr als in Schweden.

Ausgehen in finnische Restaurants kostet im Durchschnitt 1,38-mal mehr als in Deutschland.

Norwegen ist von den drei bereisten Staaten eindeutig der teuerste! Die durchschnittlichen Lebensmittelpreise sind etwa 1,8-mal höher als in Deutschland. Essen im Restaurant kostet mehr als doppelt so viel.

In Norwegen gibt es Getränke ab einem Alkoholgehalt von 4,75 Vol.-% in dem staatlichen Unternehmen Vinmonopolet. Rechnen Sie etwa mit dem 3,5- bis 4-Fachen an Kosten für Spirituosen.

Benzin und Diesel kosten in den drei skandinavischen Ländern zwischen 25 und 50 Cent mehr als in Deutschland. Auch hier ist Norwegen das teuerste der drei Länder.

Elektrizität

- ▷ Finnland: Netzspannung 230 V/50 Hz
- ▷ Norwegen: Netzspannung 230 V/50 Hz
- ▷ Schweden: Netzspannung 230 V/50 Hz

Für alle drei Länder ist kein Reisesteckeradapter notwendig.

Entfernungen

Die Anreise zur Region oberhalb des Polarkreises ist weit. Einige Entfernungsangaben:

Von den Fähranlegern zum Polarkreis:

- ▷ Fähranleger Helsinki – Rovaniemi/Santa Claus Village: 811 km
- ▷ Fähranleger Oslo – Polarkreis (Norwegen): 1.050 km
- ▷ Fähranleger Trelleborg – Jokkmokk: 1.646 km

Polarkreis – Nordkap:

- ▷ Rovaniemi/Santa Claus Village – Nordkap: 701 km
- ▷ Polarkreis (Norwegen) – Nordkap: 1.062 km
- ▷ Jokkmokk – Nordkap: 812 km
- ▷ Lofoten – Vesterålen: Å – Andenes: 339 km

An den Kilometerangaben können Sie erkennen, dass die Fahrt über Finnland bis hoch zum Nordkap kilometermäßig die kürzeste ist.

Weitere Entfernungsangaben finden Sie bei den beschriebenen Routen.

Frischwasser

Besonders im Landesinneren, wo es nicht selten ist, dass die Temperaturen in zweistellige Minusgrade absinken, hören Sie immer wieder auf den Campingplätzen oder auch an den Tankstellen: „Unsere Leitungen sind eingefroren." oder „Das Wasser ist abgestellt, da die Wasserhähne außen liegen." Um diesem Problem aus dem Weg zu gehen, ist es absolut ratsam, einen **Trinkwasserkanister mit Ausgießschlauch** oder eine **Gießkanne** mitzunehmen. So haben Sie die Möglichkeit, Wasserhähne in geheizten Räumlichkeiten zu nutzen (z. B. Waschräume von Campingplätzen oder Tankstellen). Die Trinkwasserqualität in den skandinavischen Ländern ist sehr gut.

Gasflaschen

Es gibt mehrere Möglichkeiten, sich in Skandinavien mit Gas zu versorgen. In Norwegen und Schweden können Sie Gasflaschen nachfüllen lassen, in Finnland ist dies nicht möglich.

In Norwegen nutzen Sie zum Nachfüllen die „LPG Stasjonen" von LPG Norge. Oberhalb des Polarkreises sind die Stationen allerdings recht rar: Gerade einmal acht sind dort zu finden (☞ unten). Die nördlichste LPG-Station liegt in Alta, 250 km vor dem Nordkap. Die zum Befüllen notwendigen Adapter sind an den Stationen vorhanden. Die Adressen der LPG-Norge-Stationen finden Sie unter 💻 www.lpgnorge.no/stasjonsoversikt/german/. Sie werden auch in meinen Routenbeschreibungen aufgeführt. Wenn Sie norwegische Gasflaschen kaufen müssen, benötigen Sie einen Adapter, um diese an Ihre Anlage anzuschließen. Dieser ist oftmals vor Ort erhältlich.

In Finnland ist das Befüllen von ausländischen Gasflaschen nicht möglich. Hier müssen Sie sich finnische Gasflaschen kaufen. Die Firma AGA ist mit ihren Gasflaschen in Finnland am weitesten verbreitet (💻 www.aga.fi). Das Gute ist, dass die finnischen Gasflaschen den gleichen Anschluss wie die deutschen haben, ein Adapter ist nicht notwendig. Ein anderer finnischer Gasflaschenlieferant ist Tehokaasu. Dessen Gasflaschen bekommen Sie meist bei Neste-Tankstellen sowie in einigen Läden.

In Schweden habe ich entlang der Straßen, auf denen ich unterwegs war, nur eine Nachfüllstation gefunden (Kiruna).

Die Firma AGA (💻 www.aga.se) vertreibt ihre Gasflaschen in allen drei skandinavischen Ländern. Das bedeutet für Sie, dass Sie den Pfand für die Flaschen in allen drei beschriebenen Ländern zurückerstattet bekommen sollten, eine in Norwegen gekaufte Flasche können Sie also auch in Finnland oder Schweden tauschen (und umgekehrt). Die Kaution erhalten Sie natürlich zurück, vorausgesetzt, die Quittung ist nicht älter als sechs Monate. Ein vor Ort gekaufter Gasflaschenadapter für die norwegischen Flaschen wird allerdings nicht zurückgenommen.

LPG-Station in Norwegen zum Nachfüllen der Gasflaschen

Ich hatte auf meinen drei Reisen in der arktischen Region Skandinaviens nicht einmal ein Problem, an Gasflaschen zu kommen. An den meisten bemannten Tankstellen oder auch in größeren Lebensmittelläden können Sie sie käuflich erwerben.

Um das Tauschen der Gasflaschen zu erleichtern, können Sie auch mit nur einer deutschen Gasflasche losfahren und eine AGA-Gasflasche vor Ort kaufen. Die eigene Flasche können Sie dann bei den LPG-Stationen immer wieder auffüllen lassen.

Und vergessen Sie nie, die rote Schutzkappe beim Transport aufzuschrauben! Einige Händler nehmen die Flasche ohne Schutzkappe nicht zurück.

Es ist empfehlenswert, das Europa-Anschluss-Set, bestehend aus vier Adaptern, die den Anschluss der deutschen Gasregler an viele der europäischen Gasflaschen ermöglichen, dabeizuhaben. Viele nehmen auch das vierteilige Euro-Füllset mit, ein Gasflaschen-Adapter-Set, das beim Befüllen der Gasflaschen zum Einsatz kommen kann. Das habe ich nie gebraucht, da an den Füllstationen immer alle Adapter vorrätig sind.

Gasflaschen auf der Fähre

Auf den Fähren dürfen Sie maximal die Anzahl an Gasflaschen mitnehmen, die in den für sie vorgesehenen Gaskasten passen! Das heißt im häufigsten Fall, dass maximal zwei Gasflaschen à 11 kg mitgeführt werden dürfen. Die Reederei DFDS erlaubt die Mitnahme von 47 kg. Die zusätzlichen Flaschen müssen stehend gut gesichert sein und ein Luftaustausch muss in der Unterbringung gewährleistet sein.

Gasflaschenprüfdatum

Achten Sie beim Kauf/Tausch der Gasflaschen auf das Prüfdatum. Die Flaschen müssen alle zehn Jahre geprüft werden. Nehmen Sie keine Flaschen an, deren Prüfdatum bald abläuft oder sogar überschritten ist. Ich habe einmal nicht darauf geachtet und der Mitarbeiter an der LPG-Station durfte die Flasche nicht mehr auffüllen und hat sie auch nicht tauschen wollen.

Stationen zum Nachfüllen der Gasflaschen

Die LPG-Stationen oberhalb des Polarkreises:

Nordnorwegen

- ▷ LPG Alta, GPS: N 69°57.9794' E 023°21.4044'
- ▷ LPG Nordreisa, GPS: N 69°47.4180' E 020°56.8983'
- ▷ LPG Tromsø, GPS: N 69°41.6802' E 019°0.7789'
- ▷ LPG Bardufoss, GPS: N 69°5.6206' E 018°35.5992'
- ▷ LPG Brøstadbotn, GPS: N 69°5.6027' E 017°42.1921'
- ▷ LPG Station Svolvær, GPS: N 68°13.8634' E 014°32.1663
- ▷ LPG Harstad, GPS: N 68°46.7415' E 016°35.2899'
- ▷ LPG Fauske, GPS: N 67°15.6915' E 015°25.8732

Nordschweden

- ▷ Kiruna, Gasspecialisten, N 67°50.7673' E 020°17.0485'

Finnland

- ▷ Ein Nachfüllen von Gasflaschen ist in Finnland nicht erlaubt.

Geld

In Finnland ist die Währung der Euro, in Schweden die schwedische Krone und in Norwegen die norwegische Krone. Das Verhältnis der beiden Währungen zum Euro ist fast identisch: € 1 entspricht NOK 10,23 bzw. SEK 10,76 (Stand 19.10.2019).

In den skandinavischen Ländern ist das Zahlen mit Kreditkarte sehr weit verbreitet. Selbst Kleinstbeträge an Parkautomaten oder Tickets im öffentlichen Nahverkehr werden mit Karte bezahlt. An Tankstellen z. B. gibt es fast nur noch Tankautomaten, an denen mit Karte und PIN bezahlt wird. Kreditkarten von VISA und MasterCard werden meist anerkannt, American Express hingegen seltener. Die Maestrokarte (Girocard/EC-Karte) wird oft an automatischen Zapfsäulen nicht akzeptiert.

In Finnland ist man so clever, keine 1- und 2-Eurocent-Münzen mehr zu prägen. Die Preise werden auf die nächten fünf Cent auf- bzw. abgerundet. Die Bankautomaten in Finnland heißen übrigens OTTO.

Grauwasser

Bei den frostigen Temperaturen in Nordskandinavien ist es oftmals nicht möglich, das Grauwasser in die dafür eingerichteten Abwassergullis auf den Campingplätzen, den Rastplätzen oder Tankstellen zu entsorgen, da diese zugefroren sind. Darum ist es sehr hilfreich, z. B. einen Eimer oder eine Gießkanne mitzuführen, die unter das Abflussrohr passen. So können Sie dann das Grauwasser z. B. in innenliegenden Entsorgungsstellen entsorgen.

Informationen

Finnland:

- www.visitfinland.de
- www.dein-finnland.de
- www.lapland.fi
- www.inarilapland.fi

Norwegen:

- www.visitnorway.de
- www.nordnorge.com

Schweden:

- www.visitsweden.de
- www.swedishlapland.com

Wetterinformationen:

- www.yr.no (haben auch eine sehr gute App)

Nordlichtinformationen:

- www.spaceweather.com
- www.aurora-service.eu
- www.auroraskystation.se

Dämmerungsrechner:

- www.jekophoto.de

Weitere Hinweise zu interessanten Websites finden Sie in den beschriebenen Routenvorschlägen!

Jedermannsrecht

Das Jedermannsrecht ist ein sogenanntes Gewohnheitsrecht, das seine Wurzeln bereits im Mittelalter hat. In Finnland (*jokamiehenoikeus*), Schweden (*allemansrätten*) und Norwegen (*allemansretten*) besagt dieses Recht, dass sich alle Menschen in der Natur frei bewegen und ihre Früchte nutzen dürfen. Aber es ist kein Freibrief, dass man überall mit dem Wohnmobil stehen darf. Es ist für die Bewegung in der Natur, zu Fuß, mit dem Fahrrad, auf Skiern etc., gedacht. Dabei darf man der Natur keinen Schaden zufügen und Tiere und andere Menschen nicht stören.

Das Zelten ist maximal zwei Nächte an demselben Ort in der Natur erlaubt. Das freie Stehen (Wildcampen) wird immer noch geduldet, aber auch nur, wenn man keine Straße blockiert, einen größeren Abstand zum nächsten Haus/Hütte hält, auf dem Weg zu einem schönen Platz nicht seinen eigenen Weg erschafft, keinen Müll zurücklässt und auch nicht seinen Grauwassertank in der Natur entleert. Offene Feuer sind in der Zeit von Mitte April bis Mitte September in Norwegen verboten. In Finnland darf man ohne Genehmigung des Grundstücksbesitzers nie Feuer machen. In Schweden ist es nicht verboten, ein Feuer zu machen. Natürlich ist es bei einer hohen Waldbrandgefahr aber nicht ratsam und sollte unterbleiben.

Man findet immer öfter Verbotsschilder auf Rastplätzen, die untersagen, dort mit Wohnmobilen die Nacht über zu stehen. Leider haben es dann hier Wohnmobilisten mit der Einhaltung des Jedermannsrechts nicht so genau genommen. In besonders beliebten Regionen stellen die Einheimischen auch „Privat"-Schilder an Parkplätzen auf, damit sie die Chance haben, nach Feierabend ihr Auto dort zu parken, um ihren gewohnten Gang in die Natur zu unternehmen, da ihre

Freiheit sonst durch überfüllte Parkplätze durch Camper sehr eingeschränkt ist. Das gilt aber hauptsächlich im Sommer. Im Winter ist Skandinavien besonders oberhalb des Polarkreises selten überfüllt. Da kommt es eher vor, dass die Rast- und Parkplätze nicht vom Schnee befreit sind.

Karten

Landkarten im Internet

▷ Unter 💻 www.nordatlas.no finden Sie absolut detaillierte Karten für Norwegen mit Höhenangaben. Sogar Hausnummern sind angegeben. Sie können sich die Karten auch nach Themen anzeigen lassen.

▷ Für Finnland gibt es eine sehr gute Karte unter 💻 www.retkikartta.fi.

▷ Für Schweden existiert die My Map vom schwedischen Landmäteriet, 💻 https://minkarta.lantmateriet.se.

Straßenkarten

Falls Sie sich nicht nur auf Ihr Navigationgerät verlassen wollen und gerne etwas Gedrucktes in der Hand halten, um Ihre Route zu planen oder einfach am Abend zu schauen, wo es denn am nächsten Tag hingehen könnte, möchte ich Ihnen ein paar Straßenkarten empfehlen:

▷ Skandinavien Superatlas, freytag & berndt, Maßstab 1:250.000-1:400.000, ISBN 9783707917994

▷ Veibok Norge, nordeca, Maßstab 1:250.000 und 1:500.000, ISBN 7046660021866

▷ Cappelens Stort Bilatlas Norge, Maßstab 1:325.000, ISBN 9788202618384

▷ Sverige Motormännens Vägatlas, Maßstab 1:250.000-1:400.000, ISBN 9789113094366

▷ Finnland Autokarte, freytag & berndt, Maßstab 1:500.000, ISBN 9783707905793

☺ Die Kartenempfehlungen wurden von der Geobuchhandlung Kiel überprüft. 💻 www.geobuchhandlung.de

📖 **GPS** *Grundlagen · Tourenplanung · Navigation* von Michael Hennemann, Conrad Stein Verlag, Basiswissen für draußen, ISBN 978-3-86686-495-5, € 9,90

Kleidung für den Winter

Für den Winter ist das Zwiebelprinzip empfehlenswert. Das bedeutet, dass Sie sich in mehreren Schichten kleiden und je nach Temperatur eine Kleidungsschicht mehr an- oder ausziehen, um nicht zu sehr zu schwitzen.

Es ist sehr wichtig, dass Sie Kleidung haben, die die Feuchtigkeit/Schweiß gut nach außen transportiert und selbst nicht zu feucht wird. Am Körper sollten Sie gute Ski- bzw. Winterunterwäsche tragen. Am qualitativ hochwertigsten gilt Unterwäsche aus Merinowolle, die sehr warm hält, dünn ist, atmungsaktiv und geruchshemmend wirkt und sich sehr schön auf der Haut anfühlt. Als nächste Schicht empfiehlt sich eine Wintertrekkinghose, die auch winddicht und wasserabweisend sein sollte. Oben herum tragen sich Fleecepullover sehr angenehm, sind leicht und wärmen gut. Ich selbst habe darüber dann eine gute Daunenjacke getragen, die etwas länger ist und auch am Hals gut abschließt. Optimal finde ich die Variante mit Kapuze. Ich bin Fan der skandinavischen Outdoorbekleidungsfirmen, die ihre Produkte direkt vor Ort in der Natur testen!

Hände und Füße bei -20 °C und kälter warm zu halten, wenn man nachts draußen auf einem zugefrorenen See steht, um das Nordlicht zu beobachten/fotografieren, ist eine Herausforderung. Kaufen Sie Ihre Winterstiefel nicht zu klein, Sie sollten noch etwas Spiel haben, wenn Sie bereits Ihre dicken Socken tragen, damit sich warme Luft bilden kann. Für die Hände sind Fausthandschuhe die erste Wahl. Für Fotografen gibt es Fäustlinge mit integrierten Fingerhandschuhen, bei denen die Fäustlinge über die Fingerhandschuhe gestülpt sind. Klappt man diese zurück, kommen darunter Fingerhandschuhe zum Vorschein, die man auch mit einem Silbertextil bekommen kann, um z. B. den Touchscreen der Kamera bedienen zu können. Für alle, denen das immer noch nicht reicht, gibt es diese Handschuhe auch noch mit einem Extrafach für Handwärmer. Ein exzellenter Hersteller ist The Heat company (💻 www.theheatcompany.com, haben auch Sohlenwärmer im Programm).

Für den Kopf ist eine Balaclava/Skihaube sehr hilfreich, da sie den ganzen Kopf und den Hals bedeckt, Augen und Mund werden frei gelassen. Darüber dann noch eine gute Wintermütze und Ihnen wird auch am Kopf und an den Ohren nicht kalt. Wenn Sie außerdem eine (Daunen-)Jacke mit Kapuze haben, können Sie diese auch noch darüberziehen – das ist die Variante für die ganz kalten Tage mit Wind. Ansonsten ist eine gute Wintermütze für den Kopf vollkommen ausreichend.

Wenn Sie Ausflüge mit Schneemobilen oder Huskys unternehmen, bekommen Sie von den Veranstaltern meistens Kleidung gestellt. Das sind immer sehr gute Overalls und auch Schuhe. Diese Kleidung wärmt wirklich exzellent. Ich habe schon einige Reisende getroffen, die, wenn sie öfters in den arktischen Regionen unterwegs sind, sich diese erprobten Kleidungsstücke vor Ort gekauft haben. Damit sind sie dann bestens für die „kalten" Tage ausgerüstet.

Klima

Der Norden Skandinaviens liegt auf dem gleichen Breitengrad wie Grönland, Alaska und Sibirien. Das Klima auf der Landmasse in der norwegischen Finnmark oder Schwedisch- und Finnisch-Lappland entspricht den Bedingungen in den anderen Regionen auf diesem Breitengrad. Es können Temperaturen von unter -30 °C erreicht werden. Kommt noch Wind dazu, fühlen sich die Temperaturen noch niedriger an. Aber da die Luft in dieser nördlichen Region nicht so feucht ist wie in unseren Breitengraden, empfindet man sie in der Regel als wesentlich angenehmer.

Die Straßen werden immer gut geräumt

Anders ist das Klima an der norwegischen Westküste. Hier sind die Temperaturen um einiges moderater. Die Temperaturen werden durch den an der Küste vorbeiziehenden Ausläufer des warmen Golfstroms, den Nordatlantikstrom, beeinflusst. Selbst in den kältesten Monaten Januar und Februar liegen die Temperaturen um den Gefrierpunkt. Das bedeutet eisfreie Häfen bis in die nördlichsten Regionen des Landes. Der Bottnische Meerbusen zwischen Finnland und Schweden, der nicht unter dem Einfluss des Golfstroms liegt, gefriert im Winter hingegen sehr oft. Durch die milden Temperaturen an der norwegischen Westküste fällt der Niederschlag mal als Regen, mal als Schnee nieder. Da der Boden aber oft gefroren ist, bildet sich häufig Glatteis auf den Straßen.

Die Schneebedingungen in den nördlichen Skigebieten von Schweden und Finnland sind sehr stabil, oft liegt von November bis Mai Schnee.

Temperaturtabellen ausgewählter Ortschaften im Winter

In den Klimatabellen können Sie die minimalen und maximalen Durchschnittstemperaturen sowie die Niederschlagsmengen für die Wintermonate September bis April nachlesen.

Reine/Lofoten (N)	Sept	Okt	Nov	Dez	Jan	Feb	März	April
Ø Min. Temp. (°C)	6,7	3,6	0,2	-1,7	-2,6	-3	-2,4	-0,3
Ø Max. Temp. (°C)	11,8	8,0	4,6	3,0	2,1	1,6	2,7	5,3
Niederschlag (mm)	167	198	147	153	143	110	114	86

Andenes (N)	Sept	Okt	Nov	Dez	Jan	Feb	März	April
Ø Min. Temp. (°C)	6,1	3,2	-0,9	-2,5	-3,7	-4,3	-3,7	-1,0
Ø Max. Temp. (°C)	11,2	7,5	3,5	2,6	1,4	-0,7	1,9	4,9
Niederschlag (mm)	122	164	118	125	116	99	97	76

Senjahopen (N)	Sept	Okt	Nov	Dez	Jan	Feb	März	April
Ø Min. Temp. (°C)	5,0	1,5	-2,5	-4,8	-5,9	-6,0	-4,9	-2,2
Ø Max. Temp. (°C)	10,2	5,9	1,8	0,3	-0,7	-1,0	0,8	3,8
Niederschlag (mm)	97	122	88	90	88	75	66	52

Tromsø (N)	Sept	Okt	Nov	Dez	Jan	Feb	März	April
Ø Min. Temp. (°C)	4,0	0,1	-3,7	-6,3	-7	-6,9	-5,6	-2,8
Ø Max. Temp. (°C)	9,2	4,4	0,4	-1,4	-2,4	-2,4	-0,3	3,1
Niederschlag (mm)	89	118	89	94	97	80	71	53

Karasjok (N)	Sept	Okt	Nov	Dez	Jan	Feb	März	April
Ø Min. Temp. (°C)	0,8	-5,4	-13,8	-20,0	-22,2	-20,6	-16,3	-9,5
Ø Max. Temp. (°C)	7,8	0,5	-6,0	-10,0	-11,9	-10,7	-5,5	0,2
Niederschlag (mm)	52	48	39	34	36	25	29	25

Alta (N)	Sept	Okt	Nov	Dez	Jan	Feb	März	April
Ø Min Temp. (°C)	5,0	0,0	-5,0	-2,0	-3,0	-4,0	-1,0	3,0
Ø Max Temp. (°C)	11,0	5,0	0,0	-8,0	-10,0	-10,0	-8,0	-3,0
Niederschlag (mm)	55	61	49	54	53	48	48	45

Honningsvåg (N)	Sept	Okt	Nov	Dez	Jan	Feb	März	April
Ø Min. Temp. (°C)	2,4	-3,2	-9,3	-13,9	-15,7	-15,5	-12,4	-7,3
Ø Max. Temp. (°C)	8,8	2,4	-1,7	-4,5	-5,8	-5,6	-2,4	1,0
Niederschlag (mm)	65	80	73	82	78	62	57	49

Rovaniemi (FIN)	Sept	Okt	Nov	Dez	Jan	Feb	März	April
Ø Min. Temp. (°C)	3,9	-1,6	-8,9	-15,2	-17,4	-16,0	-11,7	-5,2
Ø Max. Temp. (°C)	10,9	3,7	-2,7	-7,0	-9,1	-7,9	-2,6	3,6
Niederschlag (mm)	57	52	43	35	35	28	29	26

Kilpisjärvi (FIN)	Sept	Okt	Nov	Dez	Jan	Feb	März	April
Ø Min. Temp. (°C)	0,9	-4,3	-11,0	-15,3	-17	-16,2	-13	-7,9
Ø Max. Temp. (°C)	7,3	1,0	-4,6	-7,6	-9,0	-8,2	-4,4	0,0
Niederschlag (mm)	37	43	37	42	43	29	22	21

Inari (FIN)	Sept	Okt	Nov	Dez	Jan	Feb	März	April
Ø Min. Temp. (°C)	1,9	-4,0	-11,9	-18,1	-20,0	-18,9	-14,5	-8,2
Ø Max. Temp. (°C)	8,9	1,7	-4,5	-8,7	-10,5	-9,5	-4,1	1,5
Niederschlag (mm)	47	39	30	25	24	18	20	20

Björkliden (SWE)	Sept	Okt	Nov	Dez	Jan	Feb	März	April
Ø Min. Temp. (°C)	-0,8	-5,9	-13,1	-18,2	-20,6	-19,4	-16,5	-10,3
Ø Max. Temp. (°C)	6,1	-0,05	-5,9	-9,3	-11,0	-9,9	-6,7	-1,6
Niederschlag (mm)	62	62	54	54	54	41	38	30

Kiruna (SWE)	Sept	Okt	Nov	Dez	Jan	Feb	März	April
Ø Min. Temp. (°C)	0,9	-4,3	-11,9	-16,7	-18,7	-17,8	-13,7	-7,9
Ø Max. Temp. (°C)	7,9	1,2	-5,2	-8,5	-9,9	-9	-4,3	0,5
Niederschlag (mm)	47	38	36	33	30	25	24	28

Literatur

- „Norwegen: Nordkap-Route" von Dirk Heckmann, Conrad Stein Verlag, Der Weg ist das Ziel, ISBN 978-3-86686-350-7, € 14,90
- „Skilanglauf in Norwegen" von Wolfgang und Idhuna Barelds, Conrad Stein Verlag, Der Weg ist das Ziel, ISBN 978-3-86686-348-4, € 14,90
- „Schweden: Inlandsvägen" von Dirk Heckmann, Conrad Stein Verlag, Der Weg ist das Ziel, ISBN 978-3-86686-389-7, € 12,90
- „Huskies, Schnee und schnelle Kufen" von Dietrich Bender, Conrad Stein Verlag, Fernschmöker, ISBN 978-3-86686-342-2, € 9,90
- „Schneeschuhwandern: Ausrüstung – Planung – Technik" von Andreas Happe, Conrad Stein Verlag, Basiswissen für draußen, ISBN 978-3-86686-530-3, € 8,90
- „Wintertrekking" von Dirk Klawatzki und Dietmar Heim, Conrad Stein Verlag, Basiswissen für draußen, ISBN 978-3-86686-070-4, € 8,90

Mautstationen in Norwegen, Schweden und Finnland

Fahrten durch Norwegen hoch zum Nordkap kosten immer etwas mehr als eine Fahrt durch Finnland oder Schweden, da entlang der Hauptverbindungsstraßen E6 und E3 recht viele Mautstellen passiert werden müssen. Sobald Straßen ausgebaut, neue Tunnel durch die Berge gebohrt oder Brücken über die Fjorde gespannt werden, werden diese Abschnitte in Norwegen sehr oft so lange über Mautabgaben finanziert, bis die Baukosten abbezahlt sind.

Etwa 200 Mautstationen gibt es derzeit in Norwegen. Abgerechnet wird an den automatischen Mautstationen in zwei Fahrzeugklassen:

- Klasse 1: Kfz bis 3,5 t und Wohnmobile über 3,5 t mit gültigem AutoPASS-Vertrag
- Klasse 2: Gewerbefahrzeuge über 3,5 t und Wohnmobile über 3,5 t ohne gültigen AutoPASS-Vertrag

Alle Fahrzeuge, egal welcher Nationalität, müssen für die mautpflichtigen Straßen eine Gebühr entrichten. Sie müssen an den Mautstationen nicht anhalten und bezahlen, denn die automatischen Stationen sind mit einer Kamera ausgestattet, die das Fahrzeugkennzeichen und die Mautchips erkennen.

Auf der Internetseite 💻 www.autopass.no/de/autopass können Sie ein Konto anlegen und Ihr Fahrzeug registrieren. Dabei geben Sie für die korrekte

Abbuchung die Euro-Klasse und den Fahrzeugtyp an. Ohne eine Registrierung wird der höchste Satz der jeweiligen Tarifgruppe 1 oder 2 berechnet.

Wenn Sie mit einem ausländischen Fahrzeug einen Aufenthalt von mehr als zwei Monaten in Norwegen planen, wird die Anschaffung eines AutoPASS-Vertrages und eines Mautchips empfohlen. Für den Mautchip (AutoPass brikke) müssen Sie eine Gebühr von NOK 200 bezahlen, die Sie nach der Rücksendung des Chips erstattet bekommen.

Alle gewerblichen Fahrzeuge über 3,5 t müssen einen Mautchip haben. Die Mautchip-Pflicht gilt **nicht** für Wohnmobile und andere Fahrzeuge, die auf Personen zugelassen sind und ausschließlich privat genutzt werden!

Wenn Sie Ihr Wohnmobil mit einem zulässigen Gesamtgewicht von bis zu 3,5 t nicht auf AutoPASS anmelden, haben Sie keine Nachteile. Bei der Durchfahrt durch die Mautanlage wird Ihr Fahrzeug elektronisch registriert. Danach erhält der Fahrzeughalter von Euro Parking Collection (EPC) auf dem Postweg eine Rechnung ohne zusätzliche Gebühren.

Wer sich vorab einen Überblick über die Mautstationen in Norwegen verschaffen und ausrechnen möchte, was er denn für seine Tour an Maut bezahlen muss, dem möchte ich die Internetseite der staatlichen norwegischen Straßenbehörde Statens Vegvesen empfehlen und sie auch kurz erläutern: Rufen Sie die Internetseite 💻 www.vegvesen.no auf. Klicken Sie dann auf das Feld „Se trafikkmeldinger". Es öffnet sich eine Landkarte mit einigen Symbolen. Klicken Sie oben rechts auf „Meny" (Menü) und wählen Sie „Bomstasjoner" (Mautstrecken) aus. Die anderen Haken können Sie entfernen. Zoomen Sie in die Karte hinein und klicken Sie auf das Kr-Symbol (Symbol für die norwegische Krone). Es poppt ein Fenster auf, das Ihnen anzeigt, wie hoch die Mautgebühren für diesen Abschnitt sind.

Interessant ist es vielleicht, im „Meny" auch einen Haken bei „Trafikkmeldinger" (Verkehrsmeldungen) zu setzen. Dort können Sie u. a. sehen, welche Straßen im Winter gesperrt sind oder wo es Beeinträchtigungen gibt. Die Angaben sind eigentlich immer sehr aktuell.

In Oslo und Trondheim müssen Sie für die Nutzung der Straßen mit Spikereifen eine Gebühr bezahlen. Man hofft, damit die Umweltverschmutzung zu reduzieren. Die Luftverschmutzung ist wirklich enorm, besonders wenn die Straßen schnee- und eisfrei sind und mit Spikereifen befahren werden. Die Sicht ist dann sehr schlecht, da die Spikes feinste Asphaltpartikel lösen!

In Schweden müssen Sie nur in Stockholm und Göteborg eine Innenstadtmaut bezahlen. In Sundsvall zahlen Sie auf der E4 für die Benutzung der Sundsvallbron (Brücke) eine Infrastrukturabgabe.

In Finnland sind alle Straßen, Tunnel und Brücken mautfrei. Das Land ist damit eines der wenigen in Europa, die keine Maut- und Vignettengebühren erheben.

Medizinische Versorgung

Für die Dauer Ihres Auslandsaufenthaltes ist es ratsam, eine Auslandsreisekranken- und Rückholversicherung abzuschließen.

Finnland

Für alle in Deutschland gesetzlich Krankenversicherten besteht in Finnland ein Anspruch auf Behandlung bei Ärzten, Zahnärzten und in Krankenhäusern. Als Nachweis ist die Europäische Krankenversicherungskarte (EHIC) vorzulegen, die Sie von Ihrer Krankenkasse erhalten. Die EHIC regelt die Versorgung und die Kostenrückerstattung.

Die ambulante Versorgung erfolgt in Gesundheitszentren (*terveyskeskus*), die Sie in größeren Ortschaften finden. Die landesweite Gesundheitsinformations-Hotline ist die ☏ 100 23.

Schweden

Auch hier ist vor einer Versorgung die Europäische Krankenversicherungskarte vorzulegen. Bei jedem Arztbesuch wird eine Eigenbeteiligung sofort fällig, die sich nach dem Aufwand bemisst, aber mindestens SEK 200 geträgt.

Norwegen

Auch in Norwegen gilt die Europäische Krankenversicherungskarte. Die Versorgung ist sehr gut, in den nördlichen, dünn besiedelten Regionen etwas dünner. Die Notarztrufnummer lautet ☏ 133.

Notruf

- ▷ Für Finnland ist die zentrale Notrufnummer die ☏ 112. Dort werden Sie an die entsprechenden Stellen weitervermittelt.
- ▷ Schweden: Bei Autopannen erreichen Sie unter ☏ 020/912 912 (innerhalb Schwedens kostenlos) den „Assistancekåren"-Service. Alternativ wählen Sie die ☏ +46/86 27 57 57. Unter der Nummer ☏ 112 können Sie in Schweden Polizei, Feuerwehr, Notarzt und Krankenwagen kontaktieren.

▷ Norwegen: Bei technischen Pannen haben Sie die Auswahl zwischen drei Notruftelefonnummern: NAF: ☏ +47 23 21 31 00, Falck: ☏ 02 222, Viking: ☏ 06 000. Weitere Notrufnummern: Feuerwehr: ☏ 110, Polizei: ☏ 112, Notarzt und Krankenwagen: ☏ 113, Seenotrettung: ☏ 120

Sport/Sportgeräte

Die typischsten Wintersportgeräte für Skandinavien sind Langlaufskier, Schneeschuhe, Schneemobile und Hundeschlitten. In den Skigebieten sind natürlich auch Alpinskier und Snowboards gefragt. Immer beliebter werden Fatbikes, Mountainbikes mit besonders dicken Reifen. Aber auch die Angelrute wird im Winter gerne genutzt, denn das Eisfischen ist ebenfalls ein beliebter Zeitvertreib.

In den Skigebieten kann man sich die meisten der genannten Sportgeräte ausleihen. Ich möchte Ihnen empfehlen, sich vor der Reise ein Paar Schneeschuhe zu kaufen. Sie werden viel Spaß daran haben, damit durch die verschneite Winterlandschaft zu wandern!

Auf Tour mit den Huskys von Trusti & Trine bei Alta

Tanken

Im Norden Skandinaviens ist das Tankstellennetz nicht mehr ganz so dicht. Dennoch ist es kein Problem, immer rechtzeitig eine Tankstelle zu finden. Fahren Sie am besten die nächste Tankstelle an, wenn Ihr Tank etwa noch ¼ voll ist. Viele Tankstellen, besonders in Norwegen, sind Automatentankstellen, d. h., Sie benötigen eine Kreditkarte mit PIN. Maestro-Karten (EC-Karte/Girocard) werden nicht immer anerkannt.

Da der Kraftstoff in Skandinavien teurer ist als in Deutschland, ist es bei Skandinavienreisenden üblich, den Tank vor der Einreise noch einmal bis zum Rand zu füllen – verständlich! Doch der Kraftstoff in Mitteleuropa hat eine etwas andere Zusammensetzung als der im hohen Norden. In Skandinavien tankt man z. B. den Winter- oder Polardiesel, der durch Zusatz von Additiven auch noch bis -36 °C nutzbar sein soll. Darum sollten Sie, wenn Ihr Tank nur noch halb voll ist, schon einmal den wintertauglichen Kraftstoff einfüllen, damit Ihr Wohnmobil auch noch am nächsten Morgen anspringt.

☺ Wenn Sie mal länger an einem Ort stehen möchten und die Temperaturen im zweistelligen Minusbereich liegen, sollten Sie das Wohnmobil einmal am Tag laufen lassen, um den Motor gut zu erwärmen (wenn Sie keine eingebaute Motorheizung/Motorvorwärmer haben).

Telefon und Internet

- ▷ Telefonieren nach Finnland: 003 58 (oder auch +358 aus allen GSM-Netzen) + Ortsvorwahl ohne Null + Teilnehmernummer
- ▷ Telefonieren nach Norwegen: 00 47 (oder auch +47 aus allen GSM-Netzen) + achtstellige Teilnehmernummer
- ▷ Telefonieren nach Schweden: 00 46 (oder auch +46 aus allen GSM-Netzen) + Ortsvorwahl ohne Null + Teilnehmernummer
- ▷ Telefonate nach Deutschland: 00 49 (oder auch +49 aus allen GSM-Netzen) + Ortsvorwahl ohne Null + Teilnehmernummer

Roaming in der EU

Wer in der EU (inklusive Island, Liechtenstein und Norwegen) unterwegs ist, zahlt seit dem 15. Juni 2017 grundsätzlich keine Roaminggebühren mehr. Das heißt für Sie, dass Sie innerhalb der EU und in Staaten des Europäischen Wirtschaftsraums

(EWR) zu Ihrem in der Heimat abgeschlossenen Tarif telefonieren, SMS verschicken und surfen. Diese Roamingverordnung gilt nicht für die Schweiz und die Türkei und nicht für Mobilfunknetze von Schiffen und Flugzeugen.

Aber wie immer gibt es ein paar Ausnahmen: Einige Anbieter stellen nicht automatisch auf diese neue Regelung um. Sie müssen sich also darum kümmern, dass auch Ihr Vertrag entsprechend geändert wird. Die Umstellung zu den Roam-like-at-home-Regeln muss kostenlos innerhalb eines Tages erfolgen.

Seit 15. Mai 2019 gelten zudem Kostenobergrenzen: So dürfen Telefonate aus Deutschland in andere EU-Länder maximal 19 Cent pro Minute kosten, eine SMS nicht mehr als 6 Cent.

Die EU-Roaming-Verordnung sagt auch, dass Gespräche z. B. von Finnland nach Deutschland gemäß Ihrem Mobilfunktarif wie Inlandsgespräche abgerechnet werden, also wie ein Telefonat von innerhalb Deutschlands (daher die Bezeichnung „roam like at home"). Das gilt auch, wenn Sie in Finnland einen Anschluss in Finnland anrufen.

Wenn Sie einen Tarif mit unbegrenztem mobilen Datenvolumen nutzen, kann Ihr Anbieter ein Limit für die Verwendung der Daten während des Roamings festlegen. Er muss Sie aber darüber informieren – auch, wenn Sie dieses Limit erreichen. Sie können nach Überschreiten der Grenze natürlich weiterhin Datenroaming nutzen, nur fallen dann Kosten für Sie an.

WLAN

Auf den Campingplätzen in den drei bereisten und beschriebenen Ländern gab es auf den von mir besuchten Campingplätzen immer WLAN. Auf einigen war es auf dem gesamten Campingplatzgelände nutzbar, andere boten es „nur" in ihren Servicehäusern an.

WLAN haben Sie fast immer auch in Einkaufszentren, Lebensmittelläden, Restaurants oder auch an Tankstellen.

Updates

Der Conrad Stein Verlag veröffentlicht Updates zu diesem Reiseführer, die direkt vom Autor oder von Lesern des Buches stammen. Sie finden sie auf der Internetseite des Verlags (💻 www.conrad-stein-verlag.de), wenn Sie dort diesen Buchtitel aufrufen. Der rechts abgebildete QR-Code führt Sie direkt zur richtigen Seite.

An der schwedisch-finnischen Grenze bei Kolari

Verkehrsregeln

In allen drei Ländern muss auch tagsüber ganzjährig mit Abblendlicht bzw. Tagfahrlicht gefahren werden.

Finnland

- ▷ Höchstgeschwindigkeiten: innerorts: 50 km/h, Landstraße: 80 km/h, Autobahn: 120 km/h (im Winter 100 km/h)
- ▷ Promillegrenze: 0,5 Promille (Blutalkoholwert). Bußgelder sind einkommensabhängig.
- ▷ Reifenwahl: Von Anfang Dezember bis Ende Februar sind Winterreifen oder Allwetterreifen mit einer Mindestprofiltiefe von 3 mm vorgeschrieben.

Norwegen

- ▷ Höchstgeschwindigkeiten: innerorts: 50 km/h, stellenweise 30 km/h, Landstraße: 80 km/h, Autobahn: 100 km/h. Schwere Fahrzeuge und Pkws mit Anhänger dürfen nicht schneller als 80 km/h fahren (mit Anhängern ohne Bremse max. 60 km/h).
- ▷ Promillegrenze: 0,2 Promille (Blutalkoholwert)

▷ Reifenwahl: Eine generelle Winterreifenpflicht existiert nicht. Das Reifenprofil muss im Winter mindestens 3 mm betragen. Spikes sind im Winter in den Regionen Nordland, Troms und Finnmark vom 15.10. bis zum 1.5. zugelassen. Wenn es die Wetterbedingungen erforderlich machen, darf man sie auch länger nutzen.

Schweden

▷ Höchstgeschwindigkeiten: innerorts: 50 km/h, Landstraße: 70-90 km/h, Autobahn: 110-120 km/h. Schwere Fahrzeuge und Pkws mit Anhänger dürfen nicht schneller als 80 km/h fahren (mit Anhängern ohne Bremse max. 60 km/h).

▷ Promillegrenze: 0,2 Promille (Blutalkoholwert).

▷ Reifenwahl: Winterreifen sind im Winter vom 1.12. bis zum 1.3. vorgeschrieben.

Zeitzone

Durch die englische Stadt Greenwich verläuft der Nullmeridian, der Bezugspunkt für alle Längengrade auf der Erde und für Datum und Weltzeit. Die koordinierte Weltzeit (UTC) besteht aus Uhrzeit und Datum. Die mitteleuropäische Zeit (MEZ), die die Länder Mitteleuropas und auch Norwegen und Schweden verwenden, entsprechen der UTC+1. Finnland liegt bereits im Bereich der osteuropäischen Zeit, UTC+2. Wenn Sie also von Norwegen oder Schweden nach Finnland einreisen, müssen Sie die Zeit um eine Stunde vorstellen. Wenn Sie von Finnland die Grenze nach Norwegen oder Schweden passieren, stellen Sie die Uhr um eine Stunde zurück.

Zoll

Einfuhr nach Finnland

Im Reiseverkehr für Personen aus anderen Mitgliedsstaaten der Europäischen Union dürfen Waren zollfrei nur für den Eigenbedarf eingeführt werden.

Personen über 20 Jahre dürfen folgende Alkoholika einführen: 10 l Spirituosen mit mehr als 22 Vol.-% Alkoholgehalt, 20 l „Zwischenerzeugnisse" mit maximal 22 Vol.-% Alkoholgehalt, 90 l Wein, wovon maximal 60 l Schaumwein bzw. Sekt sein dürfen, oder 110 l Bier. Tabakwaren dürfen nur von Personen über 18 Jahren in folgenden Mengen eingeführt werden: 200 Zigaretten, 100 Zigarillos, 50 Zigarren oder 250 g loser Zigaretten- oder Pfeifentabak.

♦ Infos unter 💻 https://tulli.fi/en/private-persons/travelling

Einfuhr nach Schweden

Das Königreich Schweden ist Mitglied der Europäischen Union (EU) und daher für deutsche Staatsbürger ohne größere Grenzkontrollen zu erreichen. Das bedeutet allerdings nicht, dass Sie Waren in unbegrenzten Mengen ein- und ausführen können. Nur Waren für den eigenen Bedarf sind erlaubt. So sind es pro Person z. B. maximal 15 kg Fisch oder Fleisch.

Die Einfuhrbestimmungen für Tabak und Alkohol sind recht vage, denn auch hier gilt: Für den persönlichen Bedarf dürfen Person ab 20 Jahren (Alkoholika) bzw. ab 18 (Tabakwaren) Waren einführen. Im Falle einer Stichprobenkontrolle entscheidet der Zollbeamte, ob er die eingeführte Menge als Eigenbedarf ansieht. Bei Alkoholika gibt der schwedische Zoll folgende Mengen an: 10 l Spirituosen mit mehr als 22 Vol.-%. Alkoholgehalt, 20 l „Zwischenerzeugnisse" mit maximal 22 Vol.-% Alkoholgehalt, 10 l Alkopops, 90 l Wein oder 110 l Bier. Für Tabakwaren sind auf der Internetseite des schwedischen Zolls keine Mengenangaben zu finden.

♦ Infos unter 💻 www.tullverket.se/en

Einfuhr nach Norwegen

Norwegen ist nicht Mitglied der Europäischen Union und hat dadurch nicht so „großzügige" Regelungen für die zollfreie Einfuhr von Waren.

Erlaubt sind: Spirituosen (22 bis 60 Vol.-%) = 1 l, Wein über 2,5 und bis 22 Vol.-% = 1,5 l, Bier über 2,5 Vol.-% oder Alkopops bzw. Cidre über 2,5 und bis 4,7 Vol.-% =2 l, Zigaretten und Tabakwaren = 200 Zigaretten oder 250 g Rauchtabakwaren, Zigarettenpapier = 200 Blatt. Es gibt allerdings einige Umwandlungsregeln, so können Sie z. B. Tabakwaren in Alkohol „umwandeln". Laden Sie sich hierzu die „KvoteAppen" des norwegischen Zolls herunter. Dort können Sie eingeben, mit wie vielen Personen Sie unterwegs sind, und erfahren, was für Kombinationsmöglichkeiten Sie bei Alkohol und Tabak haben und was Sie zahlen müssten, wenn Sie über der erlaubten Menge liegen. Absolut hilfreich!

♦ Infos unter 💻 www.toll.no/en/l/languages/de/norwegische-zollbestimmungen/

Tja, es nützt nichts, wenn Sie die Einfuhrmengen nach Finnland und Schweden voll ausschopfen, aber Ihren Vorrat bei der Einfuhr nach Norwegen doch stark reduzieren müssen! Und denken Sie an die Promillegrenze. Fahren unter Alkoholeinfusss ist in Skandinavien sehr teuer!

Das Fahrzeug

Bewaldete, hügelige Landschaft Nordfinnlands im Pallastunturi-Nationalpark

Winterfest oder wintertauglich?

Für eine Fahrt im Winter in die Regionen oberhalb des Polarkreises benötigen Sie natürlich ein Fahrzeug, das den dortigen extremen Witterungsbedingungen gewachsen ist. Die Wohnmobilhersteller bieten wintertaugliche und winterfeste Fahrzeuge an. Das hört sich erst einmal ziemlich gleich an, doch das Prüfverfahren unterscheidet sich in einem wesentlichen Punkt: der Temperatur!

Dem Verfahren für das Erlangen des jeweiligen Zertifikats hat man eine DIN-Norm verpasst: DIN EN 1646-1 für Wohnmobile (DIN EN 1645-1 für Caravans).

Die Prüfung für das Zertifikat „wintertauglich" geht folgendermaßen vonstatten: In einer Kältekammer werden beim Testfahrzeug alle Fenster und Türen geöffnet und es wird über mindestens zehn Stunden auf **0 °C** abgekühlt. Im zweiten Teil der Prüfung werden Fenster und Türen geschlossen und das Fahrzeug wird nur mit der serienmäßig eingebauten Heizung auf maximaler Stufe beheizt. Dabei muss eine Temperatur von +20 °C innerhalb von **zwei Stunden** erreicht werden. Der Hauptmesspunkt befindet sich einen Meter über dem Fußboden in der Mitte im Inneren des Fahrzeugs. Zudem hat man fünf weitere Messpunkte im Fahrzeug angebracht. Wenn diese nach dem zweistündigen Heizvorgang keinen größeren Temperaturunterschied als 7 °C anzeigen, erhält das Fahrzeug das Prüfsiegel „wintertauglich".

Mit einer Eisschicht überzogen nach einem Schneesturm

Das Prüfverfahren für das Zertifikat „winterfest“ ist im Ablauf bei den ersten beiden Schritte ähnlich, nur die Temperaturparameter und die Aufheizphase unterscheiden sich: Das Fahrzeug wird bei gleicher Prozedur auf **-15 °C** ausgekühlt. Wenn man es schafft, das Fahrzeug dann binnen **vier Stunden** auf +20 °C zu erwärmen und die restlichen fünf Messpunkte ebenfalls nicht mehr als 7 °C Differenz anzeigen, hat das Fahrzeug diesen Teil bestanden. Doch hier geht der Test für das Erlangen des „Winterfest“-Zertifikats noch weiter. Wenn das Fahrzeug über einen Zeitraum von einer Stunde die Innenraumtemperatur von +20 °C gehalten hat (Außentemperatur ist immer noch -15 °C), wird Wasser in die entsprechenden Tanks gefüllt. Nach einer weiteren Stunde wird geschaut, ob alle Leitungssysteme und Wasserhähne eisfrei sind. Ist dem so, bekommt das Fahrzeug das Prüfsiegel „winterfest“!

Wenn Sie also gerade dabei sind, sich zu überlegen, ein Fahrzeug zu kaufen, achten Sie auf diesen kleinen, aber feinen Unterschied.

Heizung

Und dann steht da noch die Frage im Raum, mit was für einem Heizungstyp Sie Ihr Fahrzeug auf angenehme Innenraumtemperaturen bringen möchten.

Es werden zwei Systeme angeboten, die sich in der Art der Wärmeübertragung unterscheiden: mit Gas oder mit Diesel betrieben. Ich gehe hier vor allem auf die gasbetriebenen Heizungssysteme ein, da sie weitverbreitet sind.

Die meistverwendete Variante, besonders bei Einsteiger- und Mittelklassewohnmobilen, ist die gasbetriebene **Warmluftgebläseheizung**. Luft wird hier in einer Brennkammer mit Gas erwärmt und mittels Wärmetauscher und Gebläse im Raum verteilt. Dieser Heizungstyp sorgt sehr schnell für die gewünschte Wärme, das Wohnmobil kühlt aber auch sehr schnell wieder aus.

Bei der **Warmwasserheizung** wird der mit einem frostsicherem Glykolgemisch gefüllte Heizkessel mit Gas erwärmt und der Inhalt per Pumpe durch den Wasserheizkreislauf zu Konvektoren (mit Heizkörpern zu vergleichen) geschickt. Da sich Wasser nicht so schnell wie Luft erwärmt, wird es im Wohnmobil langsamer warm. Die Leitungen und Konvektoren strahlen ihre Wärme auch an die Möbel und Einrichtungsgegenstände in ihrer Umgebung aus, was eine gleichmäßigere Erwärmung zur Folge hat. Dadurch bleibt es nach Abschaltung der Heizung länger warm. Außerdem ist die Wärme der Warmwasserheizung nicht so trocken wie die der Gebläseheizung.

Bei beiden Systemen ist meist ein Warmwasserboiler integriert (Combi-Heizung), der separat zu- oder abgeschaltet werden kann, wenn er gefüllt ist.

Sowohl die Gebläseheizung als auch die Warmwasserheizung gibt es mit zusätzlichen Elektroheizelementen (selten bei der Gebläseheizung). Ist das Wohnmobil an Strom angeschlossen, erfolgt ein gemeinsamer Betrieb, wobei die Elektroelemente zuerst einsetzen und der Gasbrenner zugeschaltet wird, wenn eine höhere Leistung gewünscht wird.

Beide Systeme lassen sich sehr bequem über Bordpanels einstellen und steuern, wobei die Warmwasserheizung oftmals einige Extras mehr zu bieten hat.

Als Hersteller ist im Bereich der Gebläseheizung die Firma Truma zu nennen. Bei der Warmwasserheizung hat sich die Firma Alde einen Namen gemacht.

Beide Heizungssysteme gibt es auch in der mit Diesel betriebenen Variante. Hersteller sind Webasto, Eberspächer und auch Truma.

☺ Hat man keine Heizung mit zusätzlichen Elektroheizelementen, kann man einen transportablen Heizlüfter zur Unterstützung laufen lassen, wenn das Wohnmobil am Strom angeschlossen ist. Beachten Sie aber bitte unbedingt die Sicherheitshinweise und lassen Sie das Gerät nie unbeaufsichtigt laufen.

Ab und an sind die Steckdosen auf den skandinavischen Campingplätzen nur mit 6 Ampere gesichert. Dann ist es nicht möglich, einen starken Heizlüfter zu betreiben, da sonst die Sicherung durchbrennt.

Eine Kombination von beiden Heizungstypen ist eine prima Sache: die Gebläseheizung für das schnelle Erwärmen, die Warmwasserheizung für das angenehme, warme Wohlfühlklima im Wohnmobil. Auf einer meiner Reisen durch Nordskandinavien hatte ich ein so ausgerüstetes Fahrzeug. Die gewünschte Raumtemperatur war immer schnell erreicht (auch bei Außentemperaturen von unter -30 °C), die warme Luft war sehr angenehm und es war geräuscharm. Bei norwegischen Wohnmobilbesitzern ist diese Variante ebenfalls sehr beliebt.

Dann gab es noch einige skandinavische Wohnmobilbesitzer, die einen Stromgenerator in der Bordgarage mitführten. Diese stehen aber auch gerne für längere Zeit mit ihren Wohnmobilen abseits der Zivilisation und vergnügen sich in der Wildnis.

Die Heizung benötigt neben dem Gas auch Luft. Darum ist es wichtig, dass Sie die Ansaug- und Abgasöffnungen schnee- und eisfrei halten. Achten Sie besonders auf die Abgasöffnung, denn die austretende warme Luft gefriert sehr schnell an der Öffnung. Hilfreich ist es hier, eine Wäscheklammer an den Abgaskamin zu klippen, so bilden sich Eiszapfen nicht an der Außenhaut des Wohnmobils, sondern an der Wäscheklammer.

Da die Heizung eines winterfesten Fahrzeugs neben dem Innenraum auch all das beheizt, was sich innerhalb der Außenwände befindet und durch Luft erreichbar ist, schließt das natürlich auch den Frischwassertank sowie Leitungen zu den Wasserhähnen und zurück zum Abwassertank mit ein.

Es gibt Reisemobile, die einen Doppelboden haben, also eine zusätzliche Luftschicht zwischen dem Fahrzeugunterboden und dem Fußboden im Auto. In ihm sind oft Fächer eingebaut, Leitungen verlegt und auch Wassertanks untergebracht. Über Deckel im Fußboden oder über Außenklappen kann man diese Zusatzfächer erreichen, die oft mitgeheizt werden.

Ein wichtiges Bauteil beim Wintercamping ist das Frostwächtersicherheitsventil (FrostControl). Sie finden es häufig im Boden im Innenraum Ihres Wohnmobils. Es öffnet sich, wenn die Temperatur bei etwa 3 °C liegt. Das Wasser aus dem Boiler läuft dann durch den Ablaufstutzen nach unten aus, um den Boiler Ihrer Combi-Heizung vor Schäden durch gefrierendes Wasser zu schützen. Wenn der Ablaufstutzen unter dem Wohnmobil zufriert, ist es nicht mehr möglich, das Wasser aus dem Boiler abzulassen.

Wenn sich das Frostwächterventil bei Ihrem Wohnmobil geöffnet hat und der Boilerinhalt ausgelaufen ist, müssen Sie erst im Fahrzeug heizen und die Umgebungsluft auf über 7 °C erwärmen, um das Ventil wieder schließen zu können. Achten Sie also beim Wintercamping immer darauf, dass die Heizung durchgängig läuft und die Temperatur nicht zu niedrig wird. Und schalten Sie die Warmluftheizung nicht aus, um nur mit einem Heizlüfter zu heizen, denn dann ist zwar der Innenraum gut beheizt, der Bereich um den Frostwächter (und auch um die ganzen Wasserleitungen) bleibt aber kalt.

Im Winter werden Sie während des Heizens merken, dass die Verteilung der Wärme in Fahrzeugen mit eingebauter Warmluftheizung sehr unterschiedlich ist, unabhängig vom Einbauort der Heizung. Ist die Temperatur im Wohnbereich angenehm, kann es sein, dass im hinteren Bereich des Wohnmobils, wo sich häufig die Betten befinden, nur wenig warme Luft ankommt. Das hat sicherlich damit zu tun, das meist weniger Heizungsausströmer in diesem Bereich installiert sind, aber es kommt oft auch nicht so viel warme Luft dort an. Da ist eine Warmwasserheizung von Vorteil, da das erwärmte Wasser die „Heizkörper" und Leitungen erwärmt und die Wärme auch an die sie umgebenden Einbaumöbel abgibt.

Als Ergänzung sind auch Thermohauben/Thermomatten für die Windschutzscheibe oder die gesamte Fahrzeugfront sehr beliebt. Es gibt Versionen für außen und innen.

Je nachdem, wie der Wind steht, ist es auch hilfreich, die Cockpit-Lüftung auf Umluft zu stellen, damit die kalte Luft von außen nicht in das Fahrzeug dringt.

Die winterfesten Fahrzeuge, mit denen ich gereist bin, waren alle sehr gut verarbeitet, die Aufbautüren waren gut verarbeitet und dichteten gut ab, und die Zwangsbelüftungen waren so angebracht, z. B. im Kleiderschrank oder in verschließbaren Deckenschränken, dass ich mit der kalten Luft nicht direkt in Berührung kam.

Die Außenwände und Dächer der heutigen Wohnmobile (Integrierte, Teilintegrierte oder Alkoven) bestehen aus steifen Kunststoffen und sind selten dicker als 50 mm, aber die verarbeiteten Kunststoffe isolieren wie eine 80 cm starke Vollziegelwand.

Auch die Belüftung in den heutigen Fahrzeuge ist hervorragend. Dass mal Kondenswasser von der Decke tropft, gehört der Vergangenheit an. Natürlich müssen Sie auch Sorge dafür tragen, dass das nicht passiert, indem Sie gerade beim Wintercamping aktiv dabei mithelfen, dass sich keine Feuchtigkeit an den Innenwänden und Scheiben niederschlägt. Stoßlüften heißt hier das Zauberwort. Während und/oder nach dem Kochen gut lüften. Kalte, trockene Luft enthält gegenüber warmer Luft weniger Feuchtigkeit und kann bei Erwärmung viel Feuchtigkeit aufnehmen. Das Anheizen kalter Luft trocknet somit gut. Beim Lüften kann sie dann wieder nach außen abgeführt werden. Öffnen Sie während des Lüftens auch ab und zu die Schränke und Klappen, damit die dortige feuchte Luft entweichen kann. Versuchen Sie nicht, die Dachluken mit Gewalt zu öffnen, wenn Schnee und Eis auf dem Dach liegen, öffnen Sie stattdessen lieber Seitenfenster oder die Aufbautür zum Belüften. Schauen Sie auch, ob Sie nasse Winterkleidung und Schuhe vielleicht im Servicehaus des Campingplatzes trocknen können.

Bei Kastenwagen sieht es mit der Isolierung etwas anders aus. Ihre Außenhaut besteht aus Blech, das schnell kalt wird und die Kälte auch speichert. Innen ist die Isolierung nicht sehr dick, sodass Sie hier einiges an Zubehör kaufen müssen, um den Innenraum warm zu bekommen. Besonders die Hecktüren sind eine Schwachstelle. Hierfür sollten Sie sich unbedingt eine innen montierbare Thermomatte besorgen. Ansonsten testen Sie einfach einmal, wo Kälte eindringt. Es gibt für alles irgendwelche Zubehörartikel, die Ihnen das Leben in Ihrem Wohnmobil so angenehm wie möglich machen.

Kaffeepause in der Nähe von Vikten, Lofoten, Norwegen

Darf man während der Fahrt heizen?

Die EU-Heizgeräterichtlinie 2001/56/EG besagt, dass in Fahrzeugen ab dem Baujahr 2007 das Heizen mit Gasheizung während der Fahrt nicht erlaubt ist. Ist Ihr Fahrzeug aber mit einer automatischen Gasabschaltung ausgestattet, dürfen Sie auch während der Fahrt heizen. Sie soll verhindern, dass z. B. bei einem Unfall mit Rohrbruch Gas ausströmen kann. Solche automatischen Gasabschaltungen sind z. B. MonoControl CS oder DuoControl CS der Firma Truma, die bei den neuen Reisemobilen meist serienmäßig eingebaut sind.

Ältere Fahrzeuge (Baujahr vor 2006) dürfen auch ohne die automatische Gasabschaltung noch während der Fahrt heizen, doch zur eigenen Sicherheit ist es ratsam, die Gasanlage nachzurüsten.

Gasflaschen

Die wichtigsten Fragen auf einer Winterreise mit dem Wohnmobil ist. Wie lange hält eine Gasflasche und wo bekomme ich Nachschub?

Wie lange Sie im Winter mit einer Gasflasche auskommen, ist nicht eindeutig zu beantworten, denn es spielen mehrere Faktoren eine Rolle: Ist es ein winterfestes oder wintertaugliches Fahrzeug? Wie viele Menschen sind mit auf Reisen? Wie oft wird gekocht? Auf welche Temperaturen wird der Innenraum geheizt? Läuft die Heizung den ganzen Tag? Was für Außentemperaturen herrschen vor Ort? Auch der Fahrzeugtyp spielt eine Rolle: Alkoven, teilintegriertes oder vollintegriertes Wohnmobil oder Kastenwagen? Ich war auf meinen Reisen immer mit einem vollintegriertem Wohnmobil unterwegs, mit Längen zwischen 6,99 und 8,72 m. Alle Wohnmobile waren als winterfest klassifiziert.

Es gibt die Faustregel, dass eine 11-kg-Gasflasche im Winter 2-3 Tage hält. Als ich mehrere Tage/Nächte bei Temperaturen von unter -20 °C mit einem winterfesten Wohnmobil in Finnland unterwegs war, die Heizung also zur Nacht hin kontinuierlich lief (am Abend im Innenraum bei 20 °C, zum Schlafen bei 16 °C), und ich keinen mobilen Heizlüfter nutzte, war eine Gasflasche nach 2½ Tagen leer. An der Küste Norwegens, wo die Temperaturen nur knapp unter dem Gefrierpunkt lagen, hielt die Füllung einer Gasflasche fast 5 Tage (bei gleichen Einstellungen). Das bedeutet im Umkehrschluss, dass Sie mindestens 5 bis 6 Tage mit zwei 11-kg-Gasflaschen in den ganz kalten Regionen auskommen. In dieser Zeit ist es kein Problem, neue Gasflaschen zu kaufen, denn Sie bekommen sie in Tankstellen und Supermärkten in fast jeder größeren Ortschaft.

Es gibt leider noch kein Kontrollpanel für Gasflaschen, auf dem angezeigt wird, wie voll die Gasflasche ist und wie lange der Inhalt noch hält. Es gibt aber Möglichkeiten, den Füllstand der Gasflaschen einigermaßen genau zu messen. Das einfachste ist, die Gasflasche mit einer Kofferwaage zu wiegen. Bei bekanntem Leergewicht erfahren Sie so das Gewicht des Inhalts. Dann können Sie ungefähr abschätzen, wie lange das Gas noch ausreicht. Allerdings ist das nicht gerade die genaueste Messmethode und zweitens müssen Sie hierfür die Gasflasche von der Anlage abtrennen und aus dem Auto holen – sehr umständlich. Es gibt auch Wiegeplatten (von den Firmen Caracontrol oder Brunner), die Sie unter die Gasflaschen legen können. Über ein Display wird Ihnen der Füllstand der Flasche in Prozent angezeigt. Da die Wiegeplatte unter der Gasflasche bleiben kann, müssen Sie die Flasche nicht aus dem Gaskasten herausnehmen. Von den Wiegeplatten brauchten Sie dann zwei Stück. Diese nebeneinander zu legen, ist allerdings nicht immer möglich, da es in den Gaskästen vieler Wohnmobile recht eng zugeht und die Platten im Durchmesser größer als die Gasflaschen sind.

Eine wesentlich genauere und einfachere Messmethode funktioniert mit Ultraschall. Die Firma Truma bietet mit ihrem LevelControl ein Ultraschallfüllstandsmessgerät an. Sie positionieren den magnetischen LevelControl unter der Gasflasche (wenn Sie Aluflaschen bevorzugen, gibt es hierfür einen Adapter). Per Ultraschall wird der Füllstand der Gasflasche ermittelt, an die iNet-Box übermittelt und per Bluetooth oder SMS weiter auf Ihr Smartphone/Tablet übertragen, wenn Sie die entsprechende App von Truma installiert haben. Die App zeigt Ihnen an, wie lange der Inhalt bei gleichbleibender Nutzung noch reicht, und alarmiert Sie, wenn sich der Gasvorrat in der Flasche dem Ende zuneigt. Sie können zwei LevelControls parallel verwenden. Das Ganze ist nicht gerade günstig, aber sehr hilfreich.

Alternativ bietet Truma mit dem LevelCheck ein weiteres Ultraschallmessgerät zur Messung des Gasfüllstandes. Es ist etwas größer als ein Kugelschreiber. Sie halten die Spitze des Geräts in einem Winkel von 90 Grad an die Gasflasche und aktivieren es per Knopfdruck. Die Ultraschallmessung beginnt. Ist an der geprüften Höhe Gas vorhanden, leuchtet das Gerät grün, ansonsten rot. Diese Messung unternehmen Sie mehrfach und können so recht genau die Füllhöhe in der Gasflasche ermitteln. Wie lange der Gasvorrat reicht, müssen Sie dann selbst abschätzen.

Wer es leid ist, die nicht gerade leichten Gasflaschen immer auszutauschen, wenn sie leer sind, kann einen fest eingebauten Gastank montieren. Mit passenden Adaptern ist dieser weltweit nachfüllbar. Ob sich der Einbau eines solchen Tanks finanziell lohnt, muss jeder für sich ausrechnen.

Denken Sie daran, dass die Flaschen während der Fahrt zugedreht sein müssen, wenn Ihre Gasanlage keinen eingebauten Crash-Sensor hat. Dies gilt auch auf Fähren und beim Tanken.

Eine sehr hilfreiche Einrichtung bei der Gasanlage ist ein DuoControl-System, das automatisch auf die zweite Gasflasche umspringt, wenn eine Gasflasche leer ist. Angezeigt wird Ihnen das am Bedienungsbord im Fahrzeug. Aber auch am Control-System direkt an den Flaschen wird angezeigt, welche Flasche voll oder leer ist. Das erspart Ihnen das ständige Wechseln.

Auf einer Winterreise war ein solches System nicht in meinem Fahrzeug eingebaut und ich durfte genau in der kältesten Nacht (-33 °C) die Flaschen wechseln. Mir fiel dies nachts auf, als der Kühlschrank piepste, da er nicht mehr über Gas versorgt wurde. Und dann aus dem warmen Bett raus, sich komplett in mehrere Schichten Kleidung zwängen und in die Kälte – das ist nicht besonders angenehm …

Batterie

Wenn der Strom ausgeht

Im Winter irgendwo abseits von allem zu stehen und die besondere Stille in der winterlichen Landschaft zu genießen, ist etwas ganz Besonderes. Dabei müssen Sie immer die Ladestand der Bordbatterie auf dem Kontrollbord Ihres Wohnmobils im Auge behalten.

☺ Lassen Sie vor der Winterreise einmal checken, ob die Batterie noch volle Leistung liefert.

Neigt sich der Bordstrom dem Ende zu und steht kein Stromanschluss zur Verfügung, bleibt nur die Fahrt mit dem Fahrzeug, um die Akkus wieder aufzuladen. Oder Sie fahren zu einem ganzjährig geöffneten Campingplatz, wo Sie immer Stellplätze mit Stromanschlüssen finden. Neben dem höheren Stromverbrauch im Winter ist auch die möglicherweise geringere Leistungsfähigkeit der Batterie bei Kälte zu bedenken (je nachdem, wo sie eingebaut ist).

Wenn das Wohnmobil dann doch einmal nicht anspringen mag, benötigen Sie Hilfe in Form von einem Überbrückungskabel und einem „Spenderauto", das Ihnen den Strom liefert. Da man das Überbrücken nicht unbedingt täglich macht und viele Menschen doch recht unsicher sind, wenn es um Strom geht, folgt hier eine kurze Anleitung zur Starthilfe. Nachdem Sie, wenn nötig, die Position Ihres Wohnmobils mit einem Warndreieck gesichert haben und Ihre Warnweste angezogen haben, gehen Sie wie folgt vor:

1. Verbinden Sie das rote Kabel mit den Pluspol der Batterie des Spenderautos. Klemmen Sie danach das andere Ende an den Pluspol des Pannenautos.
2. Verbinden Sie das schwarze Kabel mit dem Minuspol/Masseanschluss des Spenderautos. Das andere Ende verbinden Sie mit dem Masseanschluss des Pannenfahrzeugs (siehe Bedienungsanleitung) oder mit einer metallischen Stelle am Motorblock. Wenn Sie das schwarze Kabel an den Minuspol des Pannenautos klemmen, kann ein Funkenflug entstehen.
3. Starten Sie erst das Spenderauto und lassen Sie etwas Spannung in die Batterie des Pannenfahrzeugs fließen. Starten Sie dann das Pannenfahrzeug.
4. Falls das Starten des Pannenfahrzeugs nicht klappt, warten Sie einige Minuten und versuchen Sie es erneut. Wenn es dann immer noch nicht klappt, benötigen Sie professionelle Hilfe!

Elchmutter mit Jungtier

5. Wenn der Motor des Pannenfahrzeugs läuft, schalten Sie größere Verbraucher wie Gebläse, Lüftung und Licht ein. So können Spannungsspitzen der Bordelektronik nicht schaden.
6. Wenn alles läuft, trennen Sie das schwarze Kabel zuerst vom Spenderauto und lösen es danach vom Pannenfahrzeug. Jetzt können Sie das rote Kabel zuerst wieder vom Spenderfahrzeug abklemmen und dann vom Pannenfahrzeug entfernen.
7. Während der Motor des Pannenautos weiter laufen sollte, können Sie die zugeschalteten Verbraucher des Fahrzeugs wieder ausschalten.
8. Fahren Sie vorsichtig los und schauen Sie, ob Fehlermeldungen angezeigt werden. Wenn das der Fall ist, kann es passieren, dass die elektrische Unterstützung von Fahrfunktionen ausfällt. Dann benötigen Sie fachkundige Hilfe.
9. Wenn alles in Ordnung ist, müssen Sie jetzt für längere Zeit fahren, damit sich die Batterie wieder auflädt.

Sollte das Problem der „Startverweigerung" erneut auftreten, sollten Sie die Batterie testen lasssen.

Zusätzliche Bordbatterien

Es gibt Wohnmobilhersteller (z. B. Hymer), die als Sonderausstattung bis zu sechs einzelne Lithium-Extension-Batterie-Module anbieten. Diese Batterien werden parallel zu den Bleibatterien angeschlossen und sorgen für deren Ladung. Bei Stromnutzung werden immer zuerst die Lithiumbatterien genutzt, was die Lebensdauer der Bleibatterien verlängert. Das System ermöglicht es Ihnen, länger stromunabhängig zu sein. Und wenn Sie dann noch einen Spannungswandler von 12 V auf 220 V dabeihaben, können Sie auch Ihre Akkus und andere batteriebetriebene Elektrogeräte laden, ohne gleich den Stellplatz verlassen zu müssen, um das Wohnmobil an Strom anzuschließen.

Im Sommer sind Solarpanels eine sehr hilfreiche Art, sich von Landstrom unabhängig zu machen. Doch eine Solaranlage funktioniert im Winter nicht so gut, da die Sonneneinstrahlung nicht so intensiv ist bzw. die Sonne im Winter nördlich des Polarkreises eine bestimmte Zeit gar nicht erst hinter dem Horizont erscheint. Und wenn Schnee auf den Panels liegt, ist es auch nichts mit der Stromproduktion.

Fahren auf Schnee und Eis

Eine Bemerkung vorweg: Auch im Norden oberhalb des Polarkreises leben Menschen und müssen über die Straßen von A nach B kommen oder versorgt werden. Daher sind alle Straßen, selbst die kleineren, gut geräumt. Meist bleibt aber eine Eisschicht auf der Straße, um den Asphalt zu schonen. Gestreut wird, wenn überhaupt, mit Sand und auch nur an Steigungen/Gefälle.

Ketten-Montageplatz

Ich hatte auf meinen Reisen ganz normale Winterreifen an den Wohnmobilen montiert und natürlich Schneeketten dabei. Wenn größere Steigungen entlang der Straße angekündigt werden, hat man besonders in Norwegen vor und nach den

Schneefall an der Westküste von Andøya bei Bleik, Vesterålen, Norwegen

Steigungen für Lkws und Busse Kettenmontageplätze (*kjettingplass*) angelegt. Achten Sie darauf, dass die Schneeketten für den Reifentyp passend und auch für das Gewicht Ihres Wohnmobils richtig dimensioniert sind. Vor der Fahrt in den Norden sollten Sie die Schneeketten schon einmal an Ihr Fahrzeug montiert haben, um nicht in der skandinavischen Kälte mit der Anleitung draußen hantieren zu müssen. Unternehmen Sie auch schon einmal eine Probefahrt mit den Schneeketten, damit Sie ein Gefühl für das Fahrzeug bekommen. Besonders das Fahrverhalten in den Kurven ist ein komplett anderes. Die Höchstgeschwindigkeit mit Schneeketten liegt bei 50 km/h. Nehmen Sie sich für die Montage der Schneeketten am besten ein paar Arbeitshandschuhe mit. Wenn Sie bis hoch zum Nordkap fahren wollen, sind Schneeketten nötig, denn ohne werden Sie meistens nicht im Konvoi (☞ S. 104) mitfahren dürfen, es sei denn, Sie fahren ein Allradfahrzeug oder haben Reifen mit Spikes montiert.

Verwenden Sie die Schneeketten nur auf einer verschneiten Fahrbahn, denn nur dort funktionieren sie am effektivsten.

Wenn es Sie doch einmal erwischt hat und Sie nicht mehr vorwärtskommen, lassen Sie die Reifen nicht mit hochdrehendem Motor durchdrehen. Dabei buddeln Sie sich nur immer tiefer ein oder die Stelle wird durch die durchdrehenden Reifen blank poliert. Versuchen Sie, sich wieder freizuschaufeln, und streuen Sie – wenn vorhanden – Sand in die Spur. Treten Sie beim Befreiungsversuch nicht das Gaspedal voll durch, sondern starten Sie behutsam. Wenn Sie versuchen, sich vorwärts zu befreien, schalten Sie in den zweiten Gang und lassen Sie die Kupplung langsam kommen.

Wenn das Wohnmobil mit der Bodenplatte oder der Achse aufsitzt, kann nur noch ein professioneller Abschleppdienst helfen.

Die meisten Wohnmobile sind frontangetriebene Fahrzeuge. Das merkt man z. B. sehr schnell beim Anfahren an Steigungen. Auch kleinere Steigungen können da schon Probleme bereiten, z. B. an Ausfahrten von Parkplätzen. Mein Tipp: langsam Richtung Ausfahrt fahren und den Verkehr beobachten, um möglichst an der Steigung nicht zum Stehen zu kommen. Beladen Sie auch die Garage Ihres Wohnmobils nicht zu schwer, damit genügend Gewicht auf der vorderen Antriebsachse liegt.

Schalten Sie bei Bergabpassagen in einen niedrigeren Gang, damit die Motorbremse das Wohnmobil mit abbremsen kann. Schalten Sie möglichst gefühlvoll, damit die Räder beim Einkuppeln nicht blockieren. Und denken Sie daran: Wenn der Untergrund glatt ist, müssen Sie weniger lenken als bei einem griffigen Untergrund.

Halten Sie auch den Abstand zum vorausfahrenden Fahrzeug ruhig ein bisschen größer als üblich. Der Bremsweg auf vereisten und verschneiten Straßen ist mit einem größeren, schwereren Fahrzeug etwas länger.

Die Straßenverhältnisse an der Küste und auf den Inseln wie den Lofoten, Vesterålen oder Senja sind anders als im Landesinneren. Die Temperaturen an der Küste sind durch den warmen Golfstrom nicht so niedrig wie auf der Landmasse. Sie schwanken oft um den Gefrierpunkt. Der Niederschlag kommt dann entweder als Schnee oder Regen herunter und der Regen gefriert sofort auf der Straße und den Fußwegen, wenn der Boden gefroren ist. Da blitzt das Eis im wahrsten Sinne des Wortes. Das macht das Fahren schon sehr schwierig. In solchen Fällen warten Sie besser, bis Streufahrzeuge durchgefahren sind. Ich habe auch erlebt, dass es abends oder früh morgens geregnet hatte und der Niederschlag sofort auf der Straße gefroren war. Da die Temperaturen aber tagsüber anstiegen, taute das Eis auf den Straßen recht bald. Etwas Geduld ist also ebenfalls gefragt. Aber auch bei diesen Straßenbedingungen sieht man die Einheimischen mit ihren Pkws fahren, wenn sie denn Spikes aufgezogen haben.

Wer plant, öfters ins winterliche Skandinavien zu fahren, kann sich überlegen, ob es sich lohnt, vor Ort Spikereifen zu kaufen, und diese nach der Reise dort lagern.

Mit den jeweils mit „normalen" Winterreifen bestückten Wohnmobilen habe ich auf den drei letzten Reisen jeweils nie unter 6.000 km oberhalb des Polarkreises auf den verschneiten und vereisten Straßen zurückgelegt – und es hat immer alles gut geklappt. Auf Straßen mit festgefahrener Schneedecke ist das Fahren wirklich gar kein Problem. Auf den Landstraßen kann man die erlaubten 80 km/h locker fahren. Und es herrscht hier oben auf vielen Straßen sehr wenig Autoverkehr, sodass das Fahren auch auf Schnee sehr entspannt ist. Einen Stau habe ich hier nie erlebt.

Aufpassen müssen Sie auch, wenn ein kräftiger Wind geht. Auf den Lofoten hatte ich einmal in einem Bereich sehr starken Seitenwind. Die Straße war mit einer dichten, festgefahrenen Schneedecke versehen. Der Wind ließ immer wieder das Heck des Wohnmobils zum Straßenrand hin ausbrechen. Wenn ein Lkw entgegenkam und den von links kommenden Wind unterbrach, verhielt sich das Wohnmobil sehr unruhig. Da ist ein angemessenes Tempo wichtig.

Im Sommer habe ich die Warnschilder für Elchwechsel zwar registriert, die Tiere jedoch nur ganz, ganz selten gesehen. Im Winter habe ich dagegen an einigen Tage manchmal mehr als zehn Tiere an einem Tag gesehen. Und wenn es nicht richtig hell wird, sind selbst diese riesigen Tiere nur schwer auf oder neben der Straße zu sehen. Lassen Sie also in diesen Straßenabschnitten erhöhte Vorsicht walten!

Wenn Sie Ihr Wohnmobil auf einem schönen Stellplatz geparkt haben und alles gesichert ist, lösen Sie die Handbremse, um ein Festfrieren zu vermeiden.

Zusatzausrüstung und wichtige Verhaltenstipps

Schneebeseitigung

Nehmen Sie eine **Schaufel** oder einen **Klappspaten** für den Fall mit, dass einmal über Nacht viel Schnee fällt oder Sie in einer Schneewehe stecken bleiben – oder Sie, wie es mir passiert ist, auf einem Parkplatz vom Räumdienst zugeschüttet werden ... Wenn Sie für die Nacht mit Ihrem Wohnmobil auf einem Rastplatz/Campingplatz stehen und es windig ist, hilft es übrigens auch, einen kleinen Wall aus Schnee auf der windzugewandten Seite zu errichten, damit das Fahrzeug nicht so stark von unten her auskühlt.

Das Fahren mit einer Schneehaube oder Eis auf dem Dach ist nach der Straßenverkehrsordnung nicht erlaubt. Um den Schnee vom Dach zu bekommen, ist ein **Besen** das passende Hilfsmittel. Doch wie kommt man auf das Dach? Es kann Ihnen passieren, dass die Dachluken bei tiefen Temperaturen einfrieren. Da es nicht gut ist, sie mit Gewalt zu öffnen, ist eine Leiter eine gute Alternative. Achten Sie beim Aufstellen bitte darauf, dass sie auf/im Schnee sicher steht. Platzsparend sind **Teleskopleitern**, die auch gut in die Heckgarage passen.

Wenn die Windschutzscheibe eingefroren oder zugeschneit ist, werden Sie merken, dass Sie mit der Spannweite Ihres Arms nicht alle Stellen erreichen. Nehmen Sie darum einen **Teleskopeiskratzer mit Besen** mit. Vermeiden können Sie das Vereisen der Windschutzscheibe, indem Sie sie mit einer **Thermomatte** verhüllen. Sie verhindert auch das Entweichen der Heizwärme.

Die Wettersituation an der Küste Norwegens mit Temperaturen um den Gefrierpunkt und der Möglichkeit von Regen kann am kalten Wohnmobil dazu führen, dass die Türschlösser einfrieren. Ein **Enteiserspray** oder ein **Feuerzeug** können da gute Dienste leisten. Bewahren Sie dieses aber nicht im Fahrzeug auf!

Zusätzliche Innenisolierung

Neben den bereits erwähnten Thermomatten für die Windschutzscheibe gibt es auch praktische Thermomatten für das Armaturenbrett und/oder für den Fußbereich. Denn gerade im Bereich der Pedale kann sich Kälte einschleichen, wenn auch noch der Wind ungünstig steht.

Bei meinen Reisen war bei einigen meiner Fahrzeuge die Windschutzscheibe am Morgen vereist, nicht nur von außen, ab und zu auch im unteren Bereich von innen. Das war ein bischen davon abhängig, ob ich bei den integrierten Wohnmobilen vorne im Hubbett geschlafen oder am Abend gekocht und danach nicht so gut gelüftet habe. Wenn die Frontscheibe von innen vereist ist, legen Sie ein Handtuch auf das Armaturenbrett, damit sich beim Kratzen und anschließendem Abtauen keine Wasserstellen bilden. Starten Sie den Motor und stellen Sie das Gebläse Richtung Frontscheibe und auf die höchste Stufe. Und fahren Sie erst los, wenn Sie einen eisfreien „Rundumblick" haben.

Eine sinnvolle Anschaffung ist die Winterabdeckung (Plastikblende) für die Lüftungsöffnung des Kühlschranks, da durch die große Öffnung (zu) kalte Luft in den Kühlschrank und auch in den Innenraum gelangen kann.

Spannungswandler

Wenn Sie wie ich viele elektronische Geräte (Fotoapparat, Notebook, Handy, Festplatten etc.) dabeihaben, müssen diese auch wieder aufgeladen werden. Eine Nacht mit ordentlichen Minusgraden und dem Fotografieren des Nordlichts – ich habe oft zwei Kameras im Einsatz – verbraucht viele Akkus, die wieder aufgeladen werden wollen. Hierzu bin ich, wenn ich in einer größeren Ortschaft war, gerne mal in ein Café oder ein Einkaufszentrum gegangen und habe die Geräte dort an den Strom angeschlossen. Doch komplett entleerte Akkus brauchen oft mehrere Stunden, bis sie wieder vollständig aufgeladen sind, da ist es manchmal schade um die im Einkaufszentrum vertane Zeit. Hilfreich sind **reine Sinus-Spannungswandler** von 12 V auf 220 V (nehmen Sie nicht die modifizierten Sinus-Spannungswandler). Diese können Sie mit dem entsprechenden Kabel z. B. im Zigarettenanzünder oder direkt an der Autobatterie anschließen. Mit den Steckdosen des Spannungswandlers verbinden Sie dann Ihre Ladegeräte. Oftmals haben die Spannungswandler auch USB-Anschlüsse. Bei den Spannungswandlern gibt es natürlich unterschiedliche Modelle. Wichtig für Sie ist, wie viel Watt Sie benötigen. Lassen Sie sich im Elektromarkt Ihres Vertrauens beraten. Und haben Sie immer ein Auge auf den Ladestand Ihrer Batterie, wenn Sie das Gerät nutzen. Einige Spannungswandler geben auch einen Warnton ab, wenn der Ladestand kritisch wird.

Hilfreich für das Laden z. B. von Handys zwischendurch sind **Powerbanks**.

Notfälle und Sonstiges

Wenn Sie doch mal in einer Schneewehe stecken bleiben oder von der Straße abgekommen sind, ist ein für das Gewicht Ihres Wohnmobils passendes **Abschleppseil** hilfreich. Seile haben eine gewisse Dehnbarkeit, wodurch sie den Anfahrruck dämpfen können. Stahlketten oder Stahlseile verfügen nicht über diese Eigenschaft, was sie nicht gerade als Abschlepphilfe prädestiniert. Und eine reißende Stahlkette kann sehr gefährlich sein!

Ein **Starthilfekabel** ist ebenfalls sehr zu empfehlen, falls die Kälte der Batterie zugesetzt hat und es nicht anspringen mag. Nehmen Sie außerdem eine **Stirnlampe** mit, damit Sie für die Arbeiten die Hände frei haben. Schließlich wird es im Winter in Nordskandinavien oberhalb des Polarkreises nicht richtig hell und früh dunkel.

Ich hatte am Anfang der Reisen immer wieder mal Probleme mit dem **Frostschutzmittel** für die Scheibenwaschanlage. Die Produkte aus unseren Breitengraden waren oftmals nicht für die Temperaturen geeignet, auch wenn „geeignet bis -15 °C“ angegeben war. Ich habe mir den Frostschutz dann in Skandinavien gekauft, dort haben sie die passenden Produkte. Sie finden sie an Tankstellen und auch in Supermärkten.

Besuchermagnet Nordlicht (Aurora borealis)

Nordlicht direkt über der Straße nördlich von Skaidi, Norwegen
Blende 4, 6 sec, 11 mm, ISO 1600

Es ist eines der spektakulärsten Naturphänomene überhaupt! Rot, gelb, grün, violett und in den unterschiedlichsten Formen wie Schleiern, Bändern, Beulen, Kringeln oder Wirbeln – so können Sie es bei guten Wetterbedingungen nachts am Himmel hauptsächlich oberhalb des Polarkreises sehen. Und erst die Bewegungen, die es am Nachthimmel kreiert: vom langsamen Walzer bis zum schwungvollen Tango …

Was muss passieren, damit Sie es sehen können?

Durch Aktivitäten/Explosionen auf der Sonne werden Strahlungen frei und Materie wird ausgeworfen. Mit Schallgeschwindigkeit bewegt sich die Strahlung von der Sonne weg. Die Materie besteht aus energiegeladenen Teilchen wie Elektronen und Protonen und auch etwas Helium und bewegt sich etwas langsamer. Sie trifft nach etwa zwei bis vier Tage in der Magnetosphäre auf das Magnetfeld der Erde. Die Magnetfeldlinien beginnen und enden an den Polen. Und genau dorthin wird die ausgestoßene Materie der Sonne entlang der Magnetfeldlinien gelenkt. In einer Höhe von 100 bis 1.000 km treffen sie auf die erdeigenen Atome der Atmosphäre und beginnen zu leuchten. Je nachdem, mit welchen Atomen sich die Materie der Sonnenwinde verbindet, leuchtet das Polarlicht in unterschiedlichen Farben. Die Verbindung mit Sauerstoffatomen erzeugt grünes oder rotes Licht, die Reaktion mit Stickstoffatomen erzeugt blaue bis violette Farben. Das ist außerdem etwas davon abhängig, in welcher Höhe sie aufeinandertreffen.

Die Stärke des Polarlichts hängt davon ab, wie viel Materie ins All geschleudert wurde, wie schnell sie sich bewegt und ob sie direkt in Richtung Erde ausgestoßen wurde.

Die Intensität der Sonnenaktivität und die damit einhergehenden schwächeren oder stärkeren Sonnenwinde bedingen, wo man es sehen kann. Bei einer besonderen Stärke kann man es auch weiter südlich des Polarkreises beobachten. Ab und an ist es auch von Schottland oder gar von Norddeutschland aus am Horizont zu entdecken.

Um das Polarlicht überhaupt sehen zu können, ist es wichtig, dass der Himmel wolkenfrei ist, denn das Zusammentreffen der Sonnenwinde mit den erdeigenen Atomen findet weit oberhalb der Wolkendecke statt. Daher ist es wichtig, neben der Nordlichtvorhersage auch die Wettervorhersage zu beobachten.

Je dunkler die Nacht ist, desto intensiver können Sie auch das Nordlicht sehen, d. h. zur Beobachtung sollten Sie jegliches Streulicht wie z. B. Straßenlampen meiden. Wenn Sie zur Neumondphase gen Norden reisen, haben Sie noch weniger Licht am Himmel. Selbst bei Halbmond wird das Mondlicht recht stark vom Schnee reflektiert und kann so den Blick auf das Polarlicht etwas einschränken, man sieht es nicht mehr ganz so kräftig leuchten. Aber das leuchtende Mondlicht auf dem Schnee, der Schatten der Bäume und Sträucher auf dem Boden und das Glitzern des Schnees erzeugen für mich zusammen mit dem Polarlicht auch eine besonders mystische Atmosphäre.

Übrigens: Wenn das Nordlicht, auch Aurora borealis genannt, im Norden zu sehen ist, kann man sicher sein, dass sich auch um den Südpol herum der Himmel verfärbt. Das Südlicht wird auch Aurora australis genannt.

Der Name des Polarlichts in den nordischen Sprachen:

Finnisch:	revontulet
Samisch:	guovssahasah
Schwedisch:	polarsken
Norwegisch:	polarlys
Isländisch:	heimskautaljós, segolljós

Wann ist die beste Zeit, um das Polarlicht zu sehen?

Da die Sonne das ganze Jahr über aktiv ist und elektrische Teilchen ins Weltall schleudert, könnten Sie das Polarlicht theoretisch das ganze Jahr über sehen. Doch da die Sonne oberhalb des Polarkreises im Sommer nicht untergeht und es somit nachts nicht dunkel wird, ist es zu dieser Jahreszeit nicht sichtbar. Darum ist die Zeit von Oktober bis etwa Mitte April die beste, um es zu beobachten.

In den Monaten Oktober und November ist es auch im Norden noch nicht so kalt, die Seen sind noch nicht zugefroren und Schnee liegt oftmals auch noch nicht. Das ist die Zeit, in der man bei Windstille tolle Fotografien von Polarlichtspiegelungen, z. B. über den zahllosen finnischen Seen oder den Fjorden in Norwegen, machen kann. Wer nicht bei extremer Kälte nachts auf das Nordlicht warten und auch erst einmal das Verhalten seines Wohnmobils bei kühleren Temperaturen testen möchte, der ist in diesen Monaten richtig hier oben.

Ab Mitte November sind Sie umso länger ohne Sonnenlicht, je weiter Sie Richtung Nordkap fahren. Es ist aber nicht komplett dunkel: Da sich die Sonne flach unterhalb des Horizonts bewegt, ist die Dämmerungsphase sehr lang. Die wunderschönen Farben, z. B. in der sogenannten blauen Stunde, sind für das Fotografieren ein absoluter Traum. Da die Nächte sehr lang sind, könnte man das Nordlicht theoretisch auch sehr lange beobachten.

Beginn und Dauer des Nordlichts sind allerdings nicht vorhersagbar. Einmal habe ich es schon sehen können, als die Dämmerungsphase noch nicht ganz beendet war, der Horizont also noch in einem Orangeton leuchtete. Ein anderes Mal begann es erst kurz vor Mitternacht. Ich habe auch schon erlebt, dass es wirklich den ganzen Abend bis zur Morgendämmerung am Himmel leuchtete. Oder es erschien nur für knapp 1,5 Stunden in der Nacht. Und genauso sind auch die Formen, die Farben und die Intensität jedes Mal anders.

Die Wintermonate Januar und Februar gelten als die kältesten des Jahres. In den küstenfernen Regionen von Schweden und Finnland und in der Finnmark Norwegens sind Temperaturen unter -30 °C nichts Außergewöhnliches! Ab Mitte Januar bekommt man angenehmerweise die Sonne wieder zu sehen. Es gibt Menschen, die behaupten, dass das Nordlicht umso schöner und klarer ist, je niedriger die Temperaturen sind. Wissenschaftlich ist das wohl nicht erwiesen, aber ich hatte auch manchmal das Gefühl, dass das stimmt.

März und April sind Monate, an denen die Tage wieder angenehm lang sind, sodass Sie auch genügend Zeit für Outdooraktivitäten haben. Und auch die Temperaturen sind erträglicher. Die Sonne wärmt schon etwas, das merkt man, wenn man schön mit dem Wohnmobil in der Sonne steht und man durch die Fenster gewärmt wird. Der Kontrast von Schnee draußen und der Wärme durch die Sonnenstrahlen innen ist einfach herrlich.

Nordlichtfreaks, die nur kurz Zeit haben, um im Winter in den Norden zu fahren und das Nordlicht zu beobachten, planen ihre Reise gerne zu Neumondzeiten.

Polarlicht – Mythen und Sagen

Schon lange bevor die Wissenschaft sich im 18. Jahrhundert mit dem Leuchten am Himmel beschäftigte, verzauberte es die Menschen und sie schrieben dem Himmelsleuchten viele mystische und wundervolle Eigenschaften zu.

Die Wikinger verbinden das Nordlicht mit den Heldentaten ihrer Krieger. Für sie galt es als Ehre, in großen Schlachten zu fallen. Und so heißt es, dass die Aurora der Atem der mutigen Krieger sei, die in den Schlachten ihr Leben ließen. Andere Geschichten nennen das Nordlicht eine leuchtende Brücke (Bifröstbrücke), auf der die gefallenen Krieger ins Walhalla geführt werden.

Die Sámi sehen eher eine Gefahr in dem Nordlicht. Sie glauben, es handele sich um die Seelen der Verstorbenen. Wenn man unter einem Nordlicht steht, sollte man nicht durch Winken oder Singen auf sich aufmerksam machen. Hat man es gereizt, könnte es nach unten greifen und einen in den Himmel hochziehen. Darum bleiben auch heute noch viele Sámi daheim, wenn sich das Nordlicht zeigt, sicher ist sicher.

Bei den Finnen gibt es eine Sage, dass arktische Füchse die Aurora borealis am Himmel entfachen. Wenn die Tiere schnell über den Himmel laufen und ihre Ruten die Berge streifen, steigen Funken in den Himmel auf, die ihn erleuchten.

Eine ähnliche Sage beschreibt, dass, wenn der Fuchs über die Fjells läuft, sein Schwanz gegen die Schneewehen schlägt und Schneeflocken in den Himmel wirbeln, die dann im Mondlicht leuchten.

Die kanadischen Indianer kennen eine ähnliche Geschichte, nur ist es bei ihnen ein Karibu mit funkelndem Fell, das den Nachthimmel erleuchtet.

Nordlicht-Spirale, Norwegen, Blende 4, 6 sec, 14 mm, ISO 1600

Kp-Index

Wie schon beschrieben werden die geladenen Teilchen der Sonne in der Magnetosphäre in Richtung der magnetischen Pole geleitet. Es ist ein nicht ganz ringförmiges, sondern ein ovales Gebiet, in dem sich das Polarlicht zeigt, das sich über Grönland, Skandinavien, Kanada und Sibirien erstreckt. Daher stammt der Name „Polarlichtoval" (Aurora Oval).

Wenn Sie Informationen über vielleicht auftretendes Polarlicht lesen, fällt sehr oft der Begriff „Kp-Index". Es ist ein sogenannter Globalindikator für geomagnetische Aktivität und zeigt die Intensität des stattfindenden geometrischen Sturmes an. Die Intensität wird mit Werten von 0 bis 9 angegeben. Je höher der Wert, desto bessere Chancen bestehen, das Nordlicht zu sehen, dann dehnt sich das Polarlichtoval geografisch weiter aus. So bedeutet z. B. der Kp-Wert 5, dass Sie das Nordlicht in Norddeutschland sehen könnten.

Kp-Index	**Geometrische Breite**	**Polarlichtaktivität**
Kp 0	66,5 ° oder nördlicher	sehr niedrig
Kp 1	64,5°	niedrig
Kp 2	62,5°	niedrig
Kp 3	60,4°	ungewiss
Kp 4	58,3	aktiv
Kp 5	56,3°	kleinerer Sturm
Kp 6	54,2°	mäßiger Sturm
Kp 7	52,2°	starker Surm
Kp 8	50,1°	sehr starker Sturm
Kp 9	48,1° oder niedriger	extremer Sturm

Mit dem Zusammenspiel von der geografischen Breite und dem Kp-Index können Sie ermitteln, ob die Aussichten für die Nordlichtbeobachtung an Ihrem Standort gut sind oder nicht.

Übrigens: Polarlichter sind nicht nur schön anzusehen, sie können auch Auswirkungen auf Navigationssysteme, Raumfahrzeuge und Stromversorgungssysteme haben.

Bei Erreichen eines Kp-Index von 5 spricht man von einem geomagnetischen Sturm G1 (Minor). G1-Stürme treten etwa 1.700-mal innerhalb eines Sonnenzyklus auf. Ein Sonnenzyklus dauert elf Jahre. Ein G1-Sturm kann zu schwachen Netzschwankungen führen und sich geringfügig auf den Satellitenbetrieb auswirken.

Wird ein Kp-Wert von 6 erreicht, wird von einem G2-Sturm (moderat) gesprochen. Das kommt etwa 600-mal während eines Sonnenzyklus vor. Ein G2-Sturm kann Sapnnungsalarme bei Hochspannungsanlagen verursachen und Raumfahrzeuge müssen Korrekturen in ihrer Ausrichtung vornehmen. Halten die Stürme in großen Breiten länger an, können sie zu Transformatorschäden führen.

Ist der Kp-Wert = 7, spricht man von einem G3-Sturm (stark). Diese Sturmstärke kommt immerhin um die 200-mal während eines Sonnenzyklus vor. Neben den schon genannten Störungen können zusätzlich noch Probleme bei der niederfrequenten Funknavigation auftreten.

Ein schwerer geomagnetischer Sturm G4 wird bei einem Kp-Wert von 8 erreicht, welcher um die 100-mal in einem Sonnenzyklus vorkommt. Diese schweren geomagnetischen Stürme haben schon einige schwerwiegendere Probleme ausgelöst. So hat sich die Satellitennavigation über Stunden verschlechtert und bei Stromversorgungssystemen treten größere Probleme bei der Spannungsregelung und anderes mehr auf.

Die extremen geomagnetischen Ströme G5 bei einem Kp-Wert von 9 treten gerade einmal 4-mal im Sonnenzyklus auf. Während der Dauer eines solch seltenen G5-Sturms ist es schon zu Stromausfällen gekommen und die Satellitennavigation hat sich über mehrere Tage verschlechtert.

Polarnacht

Die Polarnacht dauert am Polarkreis genau einen Tag. Die Sonne ist dann aber noch zu sehen, sie erscheint nur nicht komplett über dem Horizont.

In der kleinen Tabelle können Sie ablesen, wie sich die Zeit, in der die Sonne nicht aufgeht, Richtung Norden verlängert.

Polarkreis:	1 Tag (21. Dezember)
Svolvær (Lofoten):	7. Dezember – 5. Januar
Harstad (Vesterålen):	2. Dezember – 10. Januar
Andenes (Vesterålen):	29. November – 13. Januar
Tromsø:	27. November – 15. Januar
Alta:	25. November – 17. Januar
Vardø:	23. November – 19. Januar
Hammerfest (nördlichste Stadt Norwegens):	22. November – 20. Januar
Nordkap:	20. November – 22. Januar
Nordpol:	25. September – 18. März

Die angegebenen Zeiträume können von Jahr zu Jahr um ein bis zwei Tage variieren.

Eine sehr hilfreiche Internetseite für das Berechnen der Dämmerungsphase, der Mondphase, der blauen Stunde etc. ist 💻 https://jekophoto.de/tools/daemmerungsrechner-blaue-stunde-goldene-stunde/

Hilfreiche Apps und Links

- 💻 www.norway-lights.com (Nordlichtprognosen für alle norwegischen Städte für die nächsten drei Tage)
- 💻 https://auroraskystation.com/en/live/
- 💻 https://lightsoverlapland.com/aurora-webcam/ (dieselben Webcams wie bei auroraskystation.com)
- 💻 www.spaceweather.com (Wenn Sie sich beim „Aurora Alert“ anmelden, bekommen Sie eine Nachricht auf das Handy, wann und wo das Nordlicht sichtbar ist.)
- 💻 www.aurorasnow.fmi.fi (finnisches meteorologisches Institut)
- 💻 www.spaceweatherlive.com (eine sehr informative Seite, auch mit Echtzeit-Polarlicht-Aktivitätsanzeige und Echtzeit-Sonnenaktivität!)
- 💻 www.aurora-service.eu und www.aurora-service.eu/aurora-forecast/
- 💻 www.sonnen-sturm.info
- 💻 https://sonnen-sturm.info/polarlicht-webcams/
- 💻 www.yr.no (beste Wettervorhersage (nicht nur) für Skandinavien)

Erfolg versprechende Standorte

Auf der Suche nach einem guten Standort sind Sie mit einem Wohnmobil absolut im Vorteil. Sie können auf den Wetterbericht reagieren und schauen, ob die Wettervorhersage für die Küste oder das Landesinnere besser ist. Mit einer festen Unterkunft bewegt man sich doch eher in direkter Umgebung der Herberge.

Je nördlicher man sich oberhalb des Polarkreises aufhält, desto größer sind die Chancen, das Nordlicht zu sehen. Das sogenannte Polarlichtoval liegt zwischen dem 65. und 72. Breitengrad. Zwischen diesen Breitengraden bestehen die besten Chancen, es zu sehen. Gut ist es auch, wenn Sie freie Sicht in nordöstliche und/oder südwestliche Richtung haben, denn das sind die Richtungen, in der sich das Nordlicht über den Himmel erstreckt.

Nun: Theoretisch sind die besten Standorte dort, wo kein künstliches Licht stört. Das ist die Idealvorstellung und sie ist in der arktischen Weite Nordskandinaviens zu finden. Doch zu diesen Plätzen gelangen Sie nicht mit dem Wohnmobil, dorthin müssen Sie am besten mit Schneeschuhen ausgerüstet stiefeln. Sie liegen aber nicht mal eben neben der Straße und mit dem schweren Fotorucksack auf dem Rücken ist das Wandern durch den Schnee auch mit Schneeschuhen recht anstrengend.

Also: Fahren Sie mit dem Wohnmobil in einsamere Gegenden, wo Sie sich nicht so weit vom Wohnmobil entfernen müssen, um ungestört fotografieren zu können. Wenn man nahe der Straße steht, müssen Sie natürlich immer mit vorbeifahrenden Autos rechnen. Aber je später das Nordlicht am Abend erscheint, desto weniger Verkehr herrscht auf der Straße. Leider fahren viele Skandivanier gerne sehr schnell und schalten oft bei jeder kleinsten Möglichkeit ihr Fernlicht ein, was beim Fotografieren sehr stören kann. Und sie haben manchmal Zusatzscheinwerfer am Auto, mit denen sie riesige Stadien ausleuchten könnten.

Einige meiner Hotspots, an denen ich großes Glück hatte, das Nordlicht in schöner Umgebung zu sehen und es natürlich auch zu fotografieren, möchte ich Ihnen hier einmal nennen:

Finnland

- ▷ in Kilpisjärvi (Finnland) auf dem gleichnamigen See,
  GPS (Parkplatz): N 69°01.5405' E 020°50.7498', ⇧ 480 m
- ▷ auf dem nahe gelegenen Northern-Light-Parkplatz kurz hinter der finnisch-norwegischen Grenze in Norwegen (wenn er denn vom Schnee befreit ist), GPS: N 69°07.545' E 020°44.718', ⇧ 533 m
- ▷ In Finnland ist einer meiner Lieblingsplätze der große Parkplatz im Pallastunturi-Nationalpark kurz vor dem Hotel Pallas,
  GPS: N 68°02.5013' E 024°04.1572', ⇧ 420 m. Von hier aus können Sie hervorragend mit Schneeschuhen auf eines der umliegenden Fjells wandern. Die Aussicht ist grandios!
- ▷ Sehr schön ist es auch, vom Campingplatz in Äkäslompolo auf das 446 m hohe Fjell Kuertunturi zu wandern.
  GPS (Campingplatz in Äkäslompolo): N 67°36.2022' E 024°05.2999', ⇧ 220 m

In den Weiten Nordfinnlands gibt es einige schöne Plätze. Das Problem ist nur immer, dass Bäume eine freie Sicht verhindern, wenn man im flachen Gebiet ist.

Aber das muss ja auch nicht immer sein, auch das Arbeiten mit einem Vordergrund auf den Fotografien ist sehr interessant.

Schweden

- ▷ Tornehamn-Parkplatz am See Torneträsk (von dem Parkplatz können Sie sehr gut auf den zugefrorenen See gelangen),
  GPS: N 68°25.9186' E 018°40.2694', ⇧ 344 m
- ▷ Ein anderer, sehr guter Stellplatz mit ganzjährig geöffnetem Toilettenhäuschen ist der Bessijåkka-Rastplatz. Ihn finden Sie knapp 20 km östlich von der STF Abisko Turiststation. Auch er hat einen recht guten Zugang zum See Torneträsk. GPS: N 68°18.1823' E 019°13.8554', ⇧ 352 m
- ▷ Aurora Sky Station: ein wirklich sehr guter Ort zur Beobachtung des Polarlichts. Die Fahrt mit dem Sessellift können Sie in der nahe gelegenen STF Abisko Turiststation buchen (per Mail an fjallbokningen@stfturist.se oder online unter www.swedishtouristassociation.com/the-northern-light/). GPS: N 68°21.4986' E 018°47.0131', ⇧ 378 m

Norwegen

- ▷ Kleivodden-Parkplatz zwischen Andenes und Bleik am nördlichen Ende der Vesterålen in Norwegen, GPS: N 69°17.856' E 015°59.591'
- ▷ Auf der Insel Sommarøya westlich von Tromsø gibt es einige gute Plätze für die Nordlichtbeobachtung, z. B. Steinviknova,
  GPS: N 69°37.795' E 018°01.811' (kurz hinter der Brücke auf die Insel). Von dem Parkplatz mit einem Toilettenhäuschen und Grauwasserentsorgung an der Steinvikbucht können Sie an zwei weiteren kleinen Buchten entlang auf eine kleine Landzunge gehen, von wo aus Sie das Nordlicht mit einem sehr schönen Bergpanorama fotografieren können.
- ▷ Am Ende des Nordvegen auf der angrenzenden Insel Hillesøya,
  GPS: N 69°38.573' E 018°00.065'. Von dem kleinen Parkplatz steigen Sie über einen kleinen Hügel und wieder hinunter und können bis ans Wasser vorgehen.
- ▷ Wer mag, kann auf den 211 m hohen Berg Nordkollen am Ende der Insel Hillesøya kraxeln, GPS: N 69°38.548' E 017°58.233'. Die Aussicht ist natürlich spektakulär, aber es kann sehr eisig sein. Es gibt einen direkten steilen Weg hinauf zum „Gipfel" und einen etwas weiteren, der links vom Gipfel startet. Stirnlampe nicht vergessen! Wieder eine prima Aussicht mit tollem Bergpanorama.

- ▷ Aussichtspunkt Grunnfjord: Den kleinen Parkplatz finden Sie 75 km von Tromsø entfernt an der Fv304 auf der Insel Ringvassøya. Der Blick geht über das Meer und auf einige Inseln und es ist schön ruhig.
GPS: N 70°1.3680' E 019°35.7589'
- ▷ Haltebucht auf dem dem Hochplateau zwischen Alta und Skaidi mit herrlich weitem Blick, GPS: N 70°12.938' E 024°04.445', ⇧ 281 m
- ▷ Parkplatz auf dem Hochplateau zwischen Skaidi und Olderfjord,
GPS: N 70°28.568' E 024°51.384', ⇧ 191 m, oder eine Haltebucht 2 km südlich des Parkplatzes, GPS: N 70°28.173' E 024°49.175',
⇧ 199 m
- ▷ Auf der Insel Senja bietet sich der Parkplatz Tungeneset an,
GPS: N 69°29.2225' E 017°19.9970'. Folgen Sie hier dem Holzsteg und laufen Sie dann weiter am Wasser entlang zur Spitze der Landzunge. Der Blick auf die gezackten Berge, die den Namen „Gebiss des Teufels" tragen, ist schon spektakulär!
- ▷ Wer „ein bisschen" zu einem Aussichtspunkt hochklettern mag, dem möchte ich zwei herrliche Plätze auf der Insel Senja empfehlen: In der Ortschaft Fjordgård starten zwei großartige Wege zu den Bergen Segla und Hesten. Die Wege sind um die 4 km lang (hin und zurück) und es geht recht zügig bergauf.
Startpunkt Hesten Trail: GPS: N 69°30.5059' E 017°37.3969',
Startpunkt Segla Trail: GPS: N 69°30.2457' E 017°37.6464'.
Vergessen Sie nicht, neben der Fotoausrüstung eine Stirnlampe und etwas zu trinken mitzunehmen.
- ▷ Ein anderer Trail auf der Insel Senja zu einem Berggipfel mit sensationeller Aussicht beginnt in Skaland und führt zum 632 m hohen Husfjellet.
Dieser Weg ist 7,6 km lang (hin und zurück). Er beginnt am Parkplatz bei der Kirche, GPS: N 69°26.7549' E 017°17.9426'.
- ▷ In der norwegischen Finnmark gibt es zwischen Karasjok und Kautokeino an der Rv92 schöne Parkplätze am See Vuottasjärvi mit absolut freier Sicht. GPS: N 69°21.707' E 024°02.196', ⇧ 343 m
- ▷ Auf der E45 zwischen Kautokeino und Alta passieren Sie einige schöne Parkplätze, doch leider verlaufen hier Stromleitungen sehr oft parallel zur Straße. Einen Platz möchte ich hier erwähnen, da Sie hier etwas von der Straße entfernt sind und entlang eines Pfades zu einem kleinen See gelangen: GPS: N 69°29.824 E 023°37.807', ⇧ 403 m.

Lofoten

Auf den **Lofoten** sind Sie an den bekannten Foto-Hotspots selten alleine, um das Nordlicht zu fotografieren. Viele geführte Fotogruppen sind im Winter auf der Inselgruppe unterwegs. Dennoch möchte ich Ihnen natürlich einige schöne Plätze auf der Inselgruppe nennen:

- ▷ In Eggum die kleine Straße an der Küste entlang bis zum Parkplatz fahren, wenn die Straße nicht zu sehr vereist ist.
  GPS: N 68°18.434' E 013°39.088'
- ▷ Vom Parkplatz am Ende der Straße zum Strand von Utakleiv folgen Sie dem Weg etwas um den Berg herum, um die Lichter der Häuser nicht auf den Fotos zu haben. GPS (Parkplatz): N 68°12.560' E 013°30.325'
- ▷ Der Hauklandstrand (GPS: N 68°11.987' E 013°31.875') vor dem Tunnel nach Utakleiv ist ebenfalls ein sehr beliebter Platz für die Nordlichtfotografie.
- ▷ Das gilt auch für den Reinehalsen-Parkplatz bei Reine,
  GPS: N 67°55.699' E 013°05.053'. Sie fotografieren hier über den Ort hinweg, aber das Bergpanorama ist einfach spektakulär.
- ▷ Sehr beliebt ist auch der Strand von Flakstad mit seiner tollen Bergkulisse, GPS (Parkplatz): N 68°06.218' E 13°17.026'. Oder Sie wählen die schöne, nahe gelegene Kirche von Flakstad als Vordergrund und die Berge als Hintergrund, GPS: N 68°06.307' E 013°18.317'.

☺ Ich habe auch einige Nordlichtschneemobiltouren unternommen. Es ist toll, mit den Mobilen nachts in die Wildnis zu fahren, um das Nordlicht zu fotografieren. Aber es sind zeitlich begrenzte Ausflüge und es kann sein, dass es wieder zurückgeht, auch wenn z. B. das Nordlicht gerade am Himmel erstrahlt. Aber zum Programm gehört oftmals auch das Grillen von Würstchen und es ist auch etwas Spannendes, z. B. in einer Hütte oder im Freien bei zweistelligen Minusgraden zu grillen.

Sie müssen nicht krampfhaft versuchen, einen Stellplatz mit freier Rundumsicht und ohne störende Lichter zu finden. Sie können das Nordlicht natürlich auch direkt in Ortschaften fotografieren, um z. B. eine Kirche als Vordergrund einzusetzen. Die Leuchtkraft des Nordlichts und auch die Anzahl der Sterne auf den Fotos wird dann nur nicht ganz so hoch sein. Diese Fotografien haben aber genauso ihren Reiz.

Fotografieren

Lokalisieren des Polarsterns am nördlichen Abendhimmel
Blende 4, 3,2 sec, 11 mm, ISO 1600

In diesem Kapitel möchte ich Ihnen einige Tipps geben, was für eine Fotoausrüstung sich für die Polarlicht- und Winterfotografie eignet und welches Zubehör nicht fehlen sollte. Auch Informationen über das Fotografieren bei Kälte und im Dunkeln finden Sie hier.

Was für eine Fotoausrüstung ist notwendig?

Kamera

Kameras, bei denen Sie die Objektive wechseln können, sind am besten geeignet. Spiegelreflex- oder spiegellose Kameras (DSLR oder DSLM) sind grundsätzlich geeignet. Bei den Kameratypen unterscheidet man noch zwischen einer Vollformatkamera und einer APS-C-Kamera. Der Unterschied liegt in der Sensorgröße. Vollformat bedeutet, dass die Sensorgröße dem einst analogen Kleinbildformat von 36 x 24 mm entspricht. Der APS-C-Sensor ist kleiner, ca. um das 1,5- bis 1,6-Fache. Bei dem kleineren Sensor nimmt das Objektiv nur einen Ausschnitt (Crop) des Kleinbildformats auf. Das hat den Effekt wie eine Brennweitenverlängerung. Das bedeutet, ein 100-mm-Objektiv ist bei einer Vollformatkamera ein 100-mm-Objektiv. Bei der APS-C-Kamera entspricht ein 100-mm-Objektiv dagegen einem 150-mm bzw. einem 160-mm-Objektiv. Da für die Nordlichtfotografie Weitwinkelobjektive am besten geeignet sind, wäre eine Kamera mit APS-C Sensor-kontraproduktiv, da sie auch die Brennweite „verlängern" würde. Wenn Sie allerdings an der norwegischen Küste auf Walsafari gehen oder die Seeadler auf den Lofoten fotografieren wollen, sind die APS-C-Kameras im Vorteil.

Haben die beiden Sensoren die gleiche Pixelzahl, so sind natürlich die Bildpunkte beim Vollformat größer. Dementsprechend gelangt mehr Licht auf die einzelnen Pixel. Das hat zur Folge, dass bei gleichen Lichtverhältnissen der ISO-Wert bei dem Vollformat niedriger gewählt werden kann. Das heißt auch, dass der Vollformatsensor rauschärmer ist als der kleinere APS-C-Sensor.

Die Größe des Sensors spiegelt sich auch im Preis und in der Größe der Kamera wider. Vollformatkameras sind etwas größer/schwerer und teurer als die APS-C-Kameras.

Die heutigen Sensorgenerationen sind aber beide absolut für die Nordlicht- und Sternenfotografie geeignet, da ihr Rauschverhalten gut ist. Bei kompletter Dunkelheit, also ohne Mond am Himmel, fotografieren Sie mit einem ISO-Wert von um die 1600. Kein Problem für beide Sensortypen.

Das Nordlicht ist oftmals über dem gesamten Himmel zu sehen. Deshalb ist es wichtig, ein sehr gutes Weitwinkelobjektiv zu haben, das auch noch sehr lichtstark ist (niedrige Zahl der Blendenöffnung, z. B. 1.8). Allerdings: je niedriger die Anfangsblendenöffnung, desto teurer das Objektiv. Und um den kompletten Bildwinkel des Objektives zu nutzen, ist die Vollformatkamera im Vorteil, da sie den Bildwinkel 1:1 ausnutzt.

Stativ

Da die Belichtungszeiten bis an die 30 Sekunden herangehen, benötigen Sie ein Stativ, denn so lange können Sie Ihre Kamera nicht ruhig und verwacklungsfrei in der Hand halten. Achten Sie beim Kauf darauf, dass Sie ein stabiles Stativ kaufen und eines auswählen, das zu Ihrer Körpergröße passt. Und lassen Sie die Mittelsäule immer eingefahren, um Schwingungen zu vermeiden, denn eine ausgefahrene Mittelsäule ist in dieser Hinsicht der Schwachpunkt eines jeden Stativs. Gut ist es auch, wenn am unteren Ende der Mittelsäule ein Haken montiert ist, an den Sie ein Gewicht (z. B. den Rucksack) hängen können, damit das Stativ bei Wind stabil steht.

Fernauslöser

Lösen Sie die Kamera nicht direkt am Auslöseknopf aus, höchstens, wenn Sie den Selbstauslöser der Kamera verwenden. Das würde ich aber nicht empfehlen, da man selbst bei einem Nordlicht durch das Warten auf das Auslösen doch manchmal spannende Momente verpasst, besonders dann, wenn sich das Nordlicht „schnell" bewegt. Darum ist ein Fernauslöser eine sehr lohnende Investition. Sie haben die Wahl zwischen Kabel- oder Funkfernauslösern. Sie sollten bei beiden Auslösertypen darauf achten, dass sie mit AA-Batterien/-Akkus betrieben werden. Sie sind länger haltbar als Knopfbatterien und Sie können sie recht leicht nachkaufen bzw. wieder aufladen. Ich habe mit einen Funkfernauslöser mit einer Reichweite von 100 m gearbeitet. Wenn ich z. B. Sternenbahnen über mehrere Stunden fotografiert habe und das Stativ nicht allzu weit vom Wohnmobil entfernt stand, konnte ich mich im Fahrzeug aufhalten und den Aufnahmeprozess von dort bequem verfolgen.

Fotoausrüstung und Kälte

Akkus

Bei eisigen Temperaturen leisten Batterien/Akkus weniger als bei sommerlichen. Das ist bekannt. Doch die Akkus der heutigen DSLR-/DSLM-Kameras liefern auch bei diesen Temperaturen noch eine enorm starke Leistung. Tragen Sie Ihre Ersatzakkus nicht im Fotorucksack mit sich, sondern an einem wärmeren Ort, z. B. in Ihren Hosentaschen oder in einer Jackeninnentasche.

Wer nicht so schnell Akkus wechseln möchte, der sollte sich einen Batteriegriff/Hochformatgriff besorgen. In diesen passen (mindestens) zwei Akkus hinein. Einige bieten auch die Möglichkeit zum Betrieb mit AA-Lithium-Batterien. Dieser Batterietyp ist leistungsfähiger als die Standardakkus der Kameras. Besonders erwähnen möchte ich hier die „eneloop"-Akkus, die wirklich sehr viel Power haben.

Es gibt Leute, die meinen, dass es sich lohnt, die Akkus herausnehmen und in die wärmende Tasche zu stecken, wenn man draußen in der Kälte ist und die Kamera gerade nicht braucht. Das halte ich nicht für sinnvoll! Wenn der Akku aus dem Gehäuse entfernt wird, kühlt der Hohlraum der Kamera in dem Bereich schneller aus – und wollen Sie wirklich die Handschuhe bei -20 °C ausziehen, um die Batterieabdeckung zu öffnen? Auch wenn Sie Handschuhe haben, bei denen Sie nur die Fingerkuppen aufklappen müssen, kühlen Ihre Finger schnell aus. Nehmen Sie lieber einen Ersatzakku mit und setzen Sie diesen ein, wenn der Kameraakku leer ist.

Feuchtigkeit

Ein anderes Problem, das Brillenträger kennen: Wenn Sie zur kalten Jahreszeit von draußen in warme Räume kommen, beschlagen die Brillengläser. Wenn Sie mit Ihrer Kamera nach einem längeren Aufenthalt in der Winterlandschaft, egal ob tagsüber oder in der Nacht zur Nordlichtfotografie, wieder ins warme Wohnmobil gehen, kondensiert die feuchtere warme Luft am Objektiv und an der Kamera. Das Kameragehäuse („Body") können Sie schnell mit einem Handtuch trocken wischen, doch die Linse des Objektivs lässt sich nicht so leicht vom Kondensat befreien, immer wieder beschlägt sie von Neuem. Benutzen Sie auch kein synthetisches Putztuch, diese verursachen meistens nur Schlieren auf der Linse. Baumwolltücher sind besser geeignet. Wenn Sie wissen, das Sie nicht mehr rausgehen, lassen Sie die Kamera samt Objektiv einfach liegen und putzen Sie die Linse erst, wenn sie nicht mehr beschlagen ist. Vermeiden Sie unbedingt, das Objektiv in kaltem Zustand zu wechseln, denn dabei kommt zu viel Feuchtigkeit in die Kamera und auf den Sensor und/oder den Spiegel!

Das Problem mit der Feuchtigkeit können Sie verringern, indem Sie die Kamera vom Stativ nehmen, bevor Sie ins Wohnmobil gehen, und in eine wasserdichte Tasche (z. B. verschließbaren Plastikbeutel) stecken. Wenn er gut geschlossen ist, kondensiert die warme Luft außen am Beutel und verschont die Kamera. Es dauert natürlich eine gewisse Zeit, bis der massige Body der Kamera aufgewärmt ist.

Kompaktkameras und Kälte

Wer nicht mit einer schweren DSLR-/DSLM-Kamera losziehen möchte, der kann natürlich auch eine Kompaktkamera benutzen. Doch da die Akkus dieses Kameratyps kleiner sind, merken Sie auch den Einfluss der Kälte stärker. Und Sie sollten darauf achten, dass Ihre Kompaktkamera einen optischen Sucher besitzt, denn im hellen Winterlicht mit dem reflektierenden Schnee ist auf dem Kameradisplay auf der Rückseite meist nicht viel zu erkennen. Eine Bildgestaltung ist fast nicht möglich. Das kennen Sie sicherlich auch von Ihrem Smartphone: Im Sonnenlicht kann man auf den Displays nicht viel erkennen.

Handling der Kamera im Dunkeln

Sehr hilfreich ist es, wenn Sie sich merken, wo sich welcher Knopf, welcher Schalter oder welches Drehrad Ihrer Kamera befindet, damit Sie die Kamera auch im Dunkeln bedienen können, ohne ein externes Licht einschalten zu müssen. Denn je heller dieses Licht ist, desto länger benötigen Ihre Augen, um sich wieder an die Dunkelheit zu gewöhnen. Da können locker einmal 5 Minuten vergehen, bis Sie z. B. wieder aller Sterne erkennen können.

Wenn Sie an besonders beliebten Orten, z. B. auf den Lofoten, auf Gruppen von Nordlichtfotografen treffen, müssen Sie immer damit rechnen, dass Ihre Mitstreiter mal ihre Stirnlampe oder die Taschenlampe des Smartphones anmachen, um nach den Einstellungen der Kamera zu schauen. Einige meinen, dass dies nicht schlimm ist, wenn sie es mit Rotlicht kontrollieren. Doch, ist es! Denn das Rotlicht sieht man genauso auf dem Sensor. Es hilft nur dabei, dass sich die eigenen Augen wieder schneller an die Dunkelheit gewöhnen.

Meine Vorgehensweise und Einstellungen für die Nordlichtbeobachtung/Nordlichtfotografie:

1. Schritt: Ich schaue die Wettervorhersage auf 💻 www.yr.no an und gucke, wo das Wetter in der Nacht gut sein soll (Küste oder Landesinneres).
2. Schritt: Ich schaue z. B. auf der Internetseite 💻 www.spaceweather.com, wie die Nordlichtvorhersage ist.
3. Schritt: Wenn beide Aussichten positiv sind, fahre ich in die Region und suche mir einen schönen Stellplatz.
4. Schritt: Vor Ort nehme ich schon die wichtigsten Voreinstellungen an der Kamera vor, damit im Dunkeln und in der Kälte nicht mehr viel gemacht werden muss.

- den Manuellmodus „M“ einstellen (keine Automatik)
  ISO auf etwa 800 bis 1600 einstellen (je nachdem, ob der Mond am Himmel steht oder nicht)
- Blende auf größte Blendenöffnung einstellen, es soll ja in der Dunkel heit in recht kurzer Zeit viel Licht auf den Sensor gelangen (kleinste Zahl, z. B. f2,0)
- Belichtungszeit auf um die 15 Sekunden einstellen
- Autofokus ausschalten
- Fernauslöser montieren
- frische Akkus einsetzen
- RAW-Modus auswählen, da das Rauschverhalten in diesem Format geriger ist als im JPG- oder TIFF-Format
- **Wichtig**: Bildstabilisator ausschalten, wenn Sie mit Stativ arbeiten!
  Ersatzbatterie in die Hosentasche stecken
  Bei Aufnahmen für eine Zeitraffersequenz (Timelapse-Aufnahmen) Aufnahmemodus „Einzelbild“ einstellen

5. Schritt: Stativ ausklappen

6. Schritt Damit ich nicht ständig im Wohnmobil das Licht ausmachen muss, um zu sehen, ob sich draußen am Himmel etwas tut, schaue ich gerne mal auf 💻 www.auroraskystation.com oder 💻 www.lightsoverlapland.com die Livebilder an (haben beide die identische Webcam).

Wenn es dann zu sehen ist, sollte man lieber zu viel als zu wenig anziehen. Bei extremen Minusgraden trage ich immer eine Balaclava (Skimaske, Sturmmaske) und ziehe sie über die Nase. Das hat mehrere Gründe: Ich muss nicht die kalte Luft direkt einatmen, aber es ist auch sehr wichtig, die Kamera nicht mit der warmen ausgeatmeten Luft zu treffen. Denn der Atem schlägt sich sonst sofort an der Kamera nieder. Auch wenn viele Kameras einen Staub- und Spritzwasserschutz haben, sollten Sie die empfindlichen Stellen wie Einstellräder und -tasten nicht extra strapazieren. Und auch das Display auf der Rückseite würde sofort beschlagen/gefrieren.

Hoch- oder Querformat

Wenn das Nordlicht sich entlang des Horizonts erstreckt, ist das Querformat das beste Format, um es mit der Landschaft ringsherum gut in Szene zu setzen. Wenn es aber direkt über Ihnen leuchtet, denken Sie auch daran, Hochformataufnahmen anzufertigen, um die Größe und Ausdehnung des spektakulären Himmelsleuchtens besser zu zeigen.

Fokussieren

Legen Sie besonders großen Wert auf das Fokussieren! Sie müssen manuell scharf stellen, da die Sensoren in der Dunkelheit nichts finden, auf das sie fokussieren können (höchstens den Mond bei Vollmond). Wenn Sie die Schärfe am Einstellring Ihres Objektivs auf unendlich drehen, werden die Sterne **nicht** scharf abgelichtet. Versuchen Sie nicht, die Sterne scharf zu stellen, wenn Sie durch das Okular schauen! Nutzen Sie stattdessen den Live-View-Modus. Vergößern Sie auf dem Display einen Ausschnitt auf 100 %. Wenn Sie einen Stern in diesem Ausschnitt haben, drehen Sie den Fokusring so lange, bis der helle Punkt auf dem Display am kleinsten abgebildet wird. Dann ist er scharf!

Wenn Sie für Ihre Aufnahmen ein Zoomobjektiv verwenden und die Brennweite für einen neuen Bildausschnitt verstellen, ist es meistens notwendig, auch wieder neu zu fokussieren.

Sternenbahnfotografie

Wenn die Wettervorhersage gut, die Chance auf das Nordlicht aber vielleicht nicht so gut ist, gehen Sie doch trotzdem vor die Tür Ihres Wohnmobils und fotografieren Sie einmal den Sternenhimmel. Und dann machen Sie nicht nur ein Foto, sondern mit einem Timer, der oft in einer Fernbedienung integriert ist, in regelmäßigen Abständen über einen längeren Abstand (länger als eine Stunde) viele Fotos. Diese können Sie dann mit einem Image-Stacking-Programm zusammenfügen, z. B. mit StarStax. (So ist das Coverfoto entstanden.)

Die meisten Kameras bieten eine Belichtungszeit von bis zu 30 Sekunden an (wenn nicht auf Modus „Bulb" gestellt ist). Wenn Sie die Sterne als scharfe Punkte auf den Fotos haben möchten, sollten Sie nicht länger als 30 Sekunden belichten, lieber etwas kürzer. Belichten Sie länger, macht sich die Erdrotation bemerkbar, sodass die Sterne dann nicht mehr als Punkte, sondern als längliche Striche zu sehen sind. Je länger die Belichtungszeit, desto länger die Sternenbahn auf dem Bild. Die Einstellung „Bulb" ermöglicht Belichtungszeiten jenseits der 30 Sekunden. Wenn Sie in der Bulb-Einstellung den Auslöser drücken, fällt das Licht auf den Sensor. Die Belichtung wird erst beendet, wenn Sie nach der von Ihnen gewünschten Zeit ein weiteres Mal den Auslöser drücken.

In dieser Einstellung können Sie den niedrigsten ISO-Wert einstellen und die Langzeitbelichtung starten. Suchen Sie einen wirklich dunklen Ort, damit kein Restlicht den Sensor anregt. Das Rauschverhalten des Sensors nimmt allerdings zu, je länger Sie belichten.

Sternenbahnen plus schwaches Nordlicht bei Pallastunturi, Finnland
Blende 2.8, 25 sec, ISO 1600, 298 Aufnahmen

Die Suche des Polarsterns am Abendhimmel

Wenn Sie die Sternenbewegung um den Polarstern fotografieren möchten, müssen Sie wissen, wo Sie ihn am Nachthimmel finden. Der Polarstern ist kein besonders auffälliger Stern am Himmel. Um ihn zu finden, gibt es eine recht gute Hilfe: Das Sternbild des Großen Wagens (auch Großer Bär bzw. Große Bärin genannt) kennen die meisten Menschen und es ist auch sehr leicht am Himmel zu finden. Die alle gleich hell scheinenden Sterne bilden die Form eines Handwagens mit Deichsel. Den Abstand zwischen den beiden Sternen der hinteren Kante des Handwagens verlängern Sie etwa fünfmal nach oben. Dort finden Sie den Polarstern. Der Grund, weshalb sich der Polarstern nicht am Himmel bewegt und es den Anschein hat, dass sich alle Sterne um ihn drehen, ist, dass die Erdachse, um die sich die Erde dreht, genau auf den Polarstern zeigt. Der Polarstern gehört übrigens zum Sternbild Kleiner Wagen (Kleiner Bär).

Haben Sie ihn gefunden, richten Sie Ihre Kamera doch einmal auf ihn aus und machen Sie die oben genannten Sternenbahnaufnahmen. Als ich die Fotos für das Coverfoto machte, kam noch ein „kleines" Nordlicht hinzu. (☞ Bild Seite 68)

Lichtempfindlichkeit und Belichtung

Die Bedingungen für die Nordlichtfotografie sind nicht immer dieselben, darum kann ich Ihnen keine pauschalen Einstellungswerte nennen. Es ist ein großer Unterschied, ob Sie in der Nacht bei Vollmond und Schnee oder bei Neumond und ohne Schnee fotografieren. Wenn dann auch noch das Nordlicht am Himmel in einer großen Intensität tanzt, sind die Einstellungen wieder andere als bei schwachem Nordlicht.

Es gibt zwei Einstellungselemente, die Sie bei der Nordlicht- oder Sternenfotografie variieren können: die Lichtempfindlichkeit (ISO) und die Belichtungszeit. Der Blendenwert bleibt immer auf dem niedrigsten Wert, was die größtmöglichste Blendenöffnung bedeutet. Schließlich wollen wir, dass möglichst viel Licht auf den Sensor gelangt. Gehen Sie mit dem ISO-Wert runter, verlängert sich die Belichtungszeit.

Mein Ziel bei der Kameraeinstellung ist es, den ISO-Wert so niedrig wie möglich zu halten, um das Bildrauschen zu minimieren. Wenn das Nordlicht sehr intensiv ist und hell leuchtet, ist es aber auch wichtig, die Aufnahmezeit so kurz wie möglich zu halten, damit es auf dem Foto nicht nur als verschwommenes Etwas zu sehen ist. Ich habe bei wirklich hell leuchtendem Nordlicht und Neumond eine Belichtungszeit von 6 bis 8 Sekunden bei einem ISO-Wert von 800 gewählt. Sie sehen, dass das sehr weit von der „Standardeinstellung" ISO 1600 und 20-30 Sekunden entfernt ist. Mit dieser Einstellung wäre die beschriebene Situation absolut überbelichtet und unscharf geworden. Ein intensives und sich schnell bewegendes Nordlicht plus Mond am Himmel konnte ich mit 2,5 Sekunden bei ISO 400 fotografieren. Damit möchte ich Ihnen zeigen, dass Sie die Einstellungen immer ganz situativ vornehmen müssen. Nacht ist nicht gleich Nacht und die Dunkelheit kann unterschiedlich hell sein!

Winterfotografie

Das Fotografieren einer Schneelandschaft im Winter kann schnell frustierend werden (wenn die Kamera die Einstellung übernimmt), denn durch die helle Landschaft mit den Reflexionen des Schnees wird der Kamera suggeriert, dass es sehr hell ist, und dementsprechend wird die Belichtungszeit kurz gehalten. Alle nicht weißen Motive auf den Fotos werden sehr dunkel abgelichtet. Nehmen Sie hier besser manuelle Einstellungen vor:

Nehmen Sie die Fotos möglichst im RAW-Modus auf, dadurch haben Sie nach der Aufnahme die größtmögliche Freiheit in der Bildbearbeitung. Im RAW-Format werden die „Rohdaten" unkomprimiert gespeichert, nur Ihre Einstellungswerte wie Belichtungszeit, Blende und Lichtempfindlichkeit (ISO) werden hinterlegt. Mit einem RAW-Konverter (Software), den Ihnen Ihr Kamerahersteller kostenlos zur Verfügung stellt, können Sie das Foto in puncto Dynamik, Farbe, Helligkeit etc. einstellen.

Den ISO-Wert können Sie sehr niedrig halten. Über die Blende stellen Sie ein, wie viel Licht durch das Objektiv kommt, und bestimmen auch die Tiefenschärfe auf Ihrer Aufnahme. Eine große Blendenöffnung (kleine Blendenzahl) bedeutet viel Lichteintritt, aber eine geringe Tiefenschärfe. Wenn Sie gerne die Sonne in Sternenform ablichten möchten, sollten Sie die Blende möglichst weit schließen (große Blendenzahl).

Schneelandschaften sind nicht ganz einfach zu fotografieren

Belichtung

Über die Belichtungszeit legen Sie fest, wie lange das Licht durch das Objektiv auf den Kamerasensor gelangen soll. Beim Blick durch den Sucher erkennen Sie meistens einen kleinen Strich, der Ihnen anzeigt, wie Ihr Foto belichtet wird:

Liegt der Strich links der Null, wird es unterbelichtet, liegt er rechts der Null, wird das Foto überbelichtet sein.

Für das Fotografieren einer verschneiten Winterlandschaft sollten Sie das Foto etwas überbelichten, so zwischen plus eins und plus zwei. Wählen Sie einen Wert, bei dem Sie auf der Aufnahme noch die Konturen des Schnees erkennen können. Ist die Bildfläche nur weiß, können Sie diese auch in der Nachbearbeitung nicht mehr retten, da diese Stellen keine relevanten Bildinformationen beinhalten. Oder Sie machen eine Reihenaufnahme mit unterschiedlichen Belichtungszeiten.

Haben Sie die Belichtungszeit richtig eingestellt, werden Sie sehen, dass Ihre Fotos bei bedecktem Himmel einen Grauschleier haben und bei blauem Himmel auch der Schnee einen Blaustich hat. Diese Effekte können Sie an der Kamera über den Weißabgleich korrigieren. Wenn Sie im RAW-Modus fotografieren, können Sie dies auch noch im Nachhinein korrigieren. Das ist aber Zeit, die man sich sparen kann!

Viele der modernen Kameras haben eine Über- oder Unterbelichtungswarnung, die bereits in der Live-Ansicht zeigt, welche Teile des Fotos nicht optimal ausgeleuchtet sind. Oder Sie lassen sich auf Ihrem Kameradisplay das Belichtungshistogramm anzeigen, um bereits geschossene Fotos zu beurteilen. Liegt die Kurve in der Mitte, ist die Aufnahme gut, liegt die Kurve mehr links, ist sie zu dunkel. Rechts bedeutet überbelichtet.

Dämmerungsphase

Oberhalb des Polarkreises erscheint die Sonne für eine bestimmte Zeit nicht oberhalb des Horizonts. Da es dadurch auch tagsüber recht dunkel sein kann, ist es gut, wenn Sie sich angewöhnen, mit einem Stativ zu arbeiten. Sicherlich können Sie auch die ISO-Zahl hochdrehen und noch Freihandaufnahmen anfertigen, aber das Bildrauschen nimmt dann zu.

Da sich die Sonne im Winter zur Tageszeit sehr flach unterhalb des Horizonts bewegt, hat das eine sehr lange Dämmerungsphase zur Folge. Und eine längere Dämmerungsphase bedeutet, dass eine längere Zeit eine spektakuläre Farbenpracht zu sehen ist, die durch die klare, saubere Luft noch einmal intensiver wirkt.

Wenn Sie wissen möchten, wie lang die Dämmerungsphase an Ihrem Ort ist oder wann die Sonne auf- und untergeht, möchte ich Ihnen diese Internetseite empfehlen: 💻 https://jekophoto.de/tools/daemmerungsrechner-blaue-stunde-goldene-stunde/ Sie können den Ort oder die GPS-Koordinaten eingeben oder den Ort direkt in der Karte auswählen. Wenn Sie den gewünschten Monat gewählt haben, werden Ihnen tabellarisch alle Tage mit allen wichtigen Informationen angezeigt.

Aufgenommen in Eggum auf den Lofoten am 1.1.; Die Sonne erscheint noch nicht hinterm Horizont, aber komplett dunkel ist es auch nicht!

Blitzgerät, Gegenlichtblende und Filter

Einen wunderschönen Effekt bekommen Sie in Ihre Fotos, wenn Sie bei Schneefall mit einem Blitzgerät fotografieren und die Schneeflocken durch das Blitzlicht stark erhellt werden. Das wirkt natürlich besonders schön, wenn der Hintergrund dunkel ist.

Was gerne vernachlässigt wird, ist das Benutzen der Gegenlichtblende (Streulichtblende, Sonnenblende). Sie verhindert unerwünschte Lichtreflexionen auf dem Objektiv und kann dafür sorgen, dass die Fotos bessere Kontrastwerte, intensivere Farben und eine höhere Sättigung aufweisen. Und nicht zu vergessen: Sie bietet einen Schutz vor Stößen an der Frontlinse des Objektivs und verhindert, dass Sie unbeabsichtigt auf die Frontlinse fassen.

Mit Skylight- oder UV-Filtern können Sie dem oben beschriebenen Blaustich der Fotos etwas entgegenwirken.

Sehr beliebt sind auch ND-Filter (**N**eutral-**D**ensity-Filter), die es Ihnen ermöglichen, die Belichtungszeiten bei sehr viel Licht auch am Tag zu verlängern und so z. B. fließendes Wasser oder Wolkenbewegungen sehr weich erscheinen zu lassen. Das ist ein schöner Kontrast zum Schnee oder Eis. Ein Stativ ist für diese Art der Fotografie unabdingbar.

Routenvorschläge

Von Skibotn auf dem Weg hoch nach Kilpisjärvi/Finnland

Anreise

Bei der Anreise nach Skandinavien und weiter zum Polarkreis gibt es mehrere Varianten, fast alle sind nur in Verbindung mit einer Fährfahrt möglich – es sei denn, Sie fahren durch Dänemark über die Storebælt- und Öresundbrücke (beide Brücken sind mautpflichtig) nach Schweden und weiter Richtung Norden oder nehmen den Landweg Richtung Osten über Polen, die baltischen Staaten und Russland nach Finnland.

☞ Die Adressen der Reedereien mit Ihren Fährverbindungen finden Sie in den Reise-Infos von bis Z/Anreise.

Anreise über Norwegen

Nach Norwegen gibt es mehrere Fährverbindungen mit unterschiedlichen Start- und Zielhäfen. Ich nehme gerne die Verbindung von Rostock nach Gedser mit Scandlines und fahre dann weiter mit den Fähren von DFDS von Kopenhagen nach Oslo.

i Informationen über Oslo finden Sie auf der Internetseite:
www.visitoslo.com/de/.

Sehr beliebt sind auch die kurzen Fährverbindungen von Hirtshals in Norddänemark nach Kristiansand bzw. Larvik oder Langesund in Südnorwegen. Diese Routen werden im Sommer gerne genutzt, da man so recht schnell ins traumhafte Fjordgebiet gelangt. Wenn Sie im Winter hoch zum Polarkreis und darüber hinaus wollen, kommen hier neben der langen Fahrt durch Dänemark noch 1.200 km von Kristiansand bis zum Polarkreis hinzu.

Die Weg von Oslo Richtung Polarkreis (knapp 1.000 km) folgt meistens der E6, da sie sehr gut ausgebaut ist. Sie wird mehr und mehr begradigt und es werden Tunnel und Brücken gebaut, um den Verkehr schnell Richtung Norden zu führen. Das bedeutet aber auch, dass besonders auf den ersten knapp 300 km mehrere Mautstellen vorzufinden sind.

Die Fahrt auf der E6 führt Sie zwischen Dombås und Oppdal über das Dovrefjell. Hier erreicht die Straße eine Höhe von knapp über 1.000 m. Je nach Witterungsbedingung kann es sein, dass die Straße kurzzeitig geschlossen wird. Informationen über die Passierbarkeit finden Sie unter www.vegvesen.no/trafikkbeta.

Nachdem Sie das Polarkreiszentrum passiert haben (es ist im Winter geschlossen und öffnet erst Anfang Mai) sind Sie oberhalb des Polarkreises und müssen sich in Fauske entscheiden, wie Sie weiterfahren möchten: Richtung Bodø und dort mit der Fähre auf die Lofoten oder auf der E6 weiter Richtung Norden. Die E6 verläuft nicht mehr viel am Wasser entlang. Es geht durch eine wunderschöne, bergige Landschaft. In Bognes müssen Sie eine Fähre für die Weiterfahrt nehmen. Allerdings haben Sie hier die Wahl: Sie können die Fähre nach Skarberget nutzen und weiter auf der E6 Richtung Narvik fahren oder nach Lødingen auf den Vesterålen übersetzen und von dort z. B. nach Andenes zur Walsafari fahren. Oder Sie kommen von Norden her auf die Lofoten.

⚠ Ganzjährig geöffnete Campingplätze entlang der E6 bis zum Polarkreis bzw. Bodø:

- Bogstad Camping, Ankerveien 117, 0766 Oslo, ☏ +47/22 51 08 00, ✉ post@bogstadcamping.no, 💻 www.bogstadcamping.no, GPS: N 59°57.9192' E 010°38.4612', ⇧ 173 m
- Lillehammer Camping, Dampsagveien 47, 2609 Lillehammer, ☏ +47/61 25 33 33, ✉ resepsjon@lillehammer.camp, 💻 www.lillehammer-camping.no. GPS: N 61°6.1537' E 010°27.8165', ⇧ 127 m
- Hageseter Turisthytte, Gautåsætervegen 84, 2660 Dombås, ☏ +47/61 24 29 60, ✉ post@hageseter.no, 💻 www.hageseter.no, GPS: N 62°11.7446' E 009°32.8264', ⇧ 915 m, guter Startpunkt für eine Moschusochsensafari!
- Vikhammer Camping, Vikhammerløkka 2, 7560 Vikhammer, ☏ +47/73 97 61 64, ✉ vikcampi@online.no, 💻 www.vikhammer.no, GPS: N 63°26.4216' E 010°38.2738', ⇧ 30 m, 15 km nördlich von Trondheim am Meer gelegen
- Mosjøen Camping, Mosjøen Campingveien 1, 8657 Mosjøen, ☏ +47/75 17 79 00, ✉ post@mosjoencamping.no, 💻 www.mosjoencamping.no, GPS: N 65°50.0534' E 013°13.1833', ⇧ 9 m, nahe der E6
- Saltdal Turistsenter, Storjord, 8255 Røkland, ☏ +47/75 68 24 50, ✉ post@isaltdal.no, 💻 isaltdal.no, GPS: N 66°48.8019' E 015°24.0604', ⇧ 118 m, der erste ganzjährig geöffnete Campingplatz nördlich des Polarkreises
- Lundhogda Camping og Motell, Lundveien 62, 8200 Fauske, ☏ +47/97 53 98 94, ✉ post@lundhogdacamping.no, 💻 www.lundhogdacamping.no, GPS: N 67°14.6978' E 015°20.1823', ⇧ 30 m

🔥 Entlang der E6 liegen zwischen Oslo und Bodø zehn LPG-Stationen, bei denen Sie Ihre Gasflaschen auffüllen lassen können. Die Adressen finden Sie unter 💻 www.lpgnorge.no.

Anreise über Schweden

Es gibt auch eine Alternative zur Fahrt auf der E6 von Olso gen Norden, die viele bevorzugen. Sie führt durch Schweden. Im Sommer fährt man gerne auf dem Inlandsvägen, aber da diese Strecke recht kurvig ist, bevorzugen viele im Winter, wenn Schnee liegt, die Fahrt auf der sehr gut ausgebauten Küstenstraße E4, auf der man auf manchen Abschnitten 110 km/h fahren darf. Nehmen Sie hierzu in

Oslo die E6 und nach 34 km die Ausfahrt 48 auf die E16, auf der Sie bis nach Gävle an der schwedischen Küste gelangen.

Eine der kürzeren Fährfahrten ist die von Rostock nach Trelleborg in Südschweden. Von dort sind es allerdings knapp 1.700 km auf der E4 über Stockholm und an der Küste entlang bis zum Polarkreis (z. B. bei Jokkmokk).

Ab Töre, nördlich von Luleå, können Sie dann z. B. auf der E10 nach Kiruna und weiter nach Abisko fahren. Oder Sie folgen der E4 bis an die schwedisch-finnische Grenze und fahren von dort auf der E8 parallel zum Grenzfluss zum Polarkreis oder nach Rovaniemi.

Ganzjährig geöffnete Campingplätze in Schweden auf dem Weg zum Polarkreis:

- Camping 45, Övrebyn 53, 68594 Torsby, ☏ +46/(0)5 60/311 69, Kontakt01@camping45.com, www.camping45.com, GPS: N 60°16.5901' E 013°1.8730', ⇧ 158 m
- Nordic Camping Sundsvall, Norrstigen 15, 85468 Sundsvall, ☏ +46/(0)771/10 12 00, sundsvall@nordiccamping.se, www.nordiccamping.se, GPS: N 62°21.5145' E 017°22.1951', ⇧ 22 m, 2 km südlich von Sundsvall am Meer gelegen
- Nordmalings Camping Rödviken, Rödviksvägen 93, 91431 Nordmaling, ☏ +46/(0)9 30/312 50, info@rundviksrederi.se, www.nordmalings-camping.se, GPS: N 63°34.5231' E 019°27.5093', ⇧ 9 m, am Meer gelegen
- Skellefteå Camping, Mossgatan, 93170 Skellefteå, ☏ +46/(0)9 10/73 55 00, skellefteacamping@skelleftea.se, www.skelleftea.se/skellefteacamping, GPS: N 64°45.6893' E 020°58.5021', ⇧ 49 m
- Västra Kajen Camping & Gästhamn, Sjöbodegränd 19, 94138 Piteå, ☏ +46/(0)9 11/120 30, info@vastrakajen.se, www.vastrakajen.se, GPS: N 65°18.8689' E 021°28.0667', ⇧ 2 m
- Kukkolaforsen Turist & Konferens, Kukkolaforsen 184, 95391 Haparanda, ☏ +46/(0)9 22/310 00, info@kukkolaforsen.se, www.kukkolaforsen.se, GPS: N 65°57.7448' E 024°2.3293', ⇧ 21 m, 15 km nördlich von Haparanda am Fluss Torne älv gelegen

LPG-Stationen in Schweden entlang der E16/E4 zum Polarkreis finden Sie in folgenden Städten: Gävle (www.gasolfyllarna.se, GPS: N 60°39.46' E 017°11.12'), Kvissleby (kurz vor Sundsvall, www.gasoldepan.se, GPS: N 62°18.932' E 017°22.384'), Piteå (www.okq8.se, GPS: N 65°19.129' E 021°26.134').

Anreise über Schweden
Polarkreis
Europäisches Nordmeer
Norwegen
Schweden
Finnland
Estland
Lettland
Litauen
DK
Ostsee
Bottnischer Meerbusen
Nordland
Trøndelag
Hedmark
Akershus
Østfold
Norrbotten
Västerbotten
Jämtland
Västernorrland
Gävleborg
Dalarna
Värmland
Uppsala
Västermanland
Stockholm
Örebro
Södermanland
Västra Götaland
Östergötland
Jönköping
Kalmar
Gotland
Halland
Kronoberg
Blekinge
Schonen
Bornholm
Kiruna
Muonio
Jokkmokk
Rovaniemi
Mo i Rana
Arjeplog
Töre
Boden
Haparanda
Kemi
Luleå
Arvidsjaur
Piteå
Oulu
Storuman
Skellefteå
Åsele
Umeå
Nordmaling
Trondheim
Järpen
Östersund
Örnsköldsvik
Vaasa
Ånge
Sundsvall
Sveg
Tampere
Lillehammer
Mora
Falun
Borlänge
Gävle
Turku
Helsinki
Torsby
Oslo
Stockholm
Tallinn
Norrköping
Linköping
Göteborg
Riga
Helsingborg
Kopenhagen
Malmö
Trelleborg
E45
E10
E8
E75
E12
E6
E4
E14
E3
E16
E18
E20
E22
N
W
O
S
150 km
100 km
50 km
0 km
© Stepmap, 123map Daten: OpenStreetMap; ODbL

Anreise über Finnland

Die von mir favorisierte Anreise nach Finnland startet mit den Fähren der Reederei Finnlines von Lübeck-Travemünde aus. Nach der knapp 30-stündigen Fahrt über die Ostsee erreichen Sie die finnische Hauptstadt morgens um 9:00. Helsinki ist eine sehr schöne Stadt, in der man es gut einige Tage aushalten kann. Der ganzjährig geöffnete Campingplatz der Stadt liegt sehr günstig und ist sehr gut vom Fähranleger (5 km) zu erreichen.

Von der nahe gelegenen Metro-Haltestelle Rastila (500 m vom Campingplatz entfernt) gelangen Sie in 18 Minuten zum Hauptbahnhof im Zentrum der Stadt. Die Sehenswürdigkeiten sind von dort aus gut zu Fuß zu erreichen.

Spaziergang durch Helsinki

Mich führte der erste Weg in die alte Markthalle am Hafen in der Straße Eteläranta (Mo-Sa 8:00-18:00), wo Sie z. B. eine wirklich köstliche Fischsuppe genießen können. Danach ging es weiter zum nahe gelegenen Senate Square. Der Senatsplatz wird von vier von Carl Ludvig Engel entworfenen Gebäuden dominiert: der Kathedrale von Helsinki (tägl. 9:00-18:00), dem Regierungspalast, der Nationalbibliotk Finnlands und dem Hauptgebäude der Universität Helsinki. In der Mitte des erhöhten Senatsplatzes steht eine Statue von Alexander II.

Einen Block vom Senatsplatz entfernt liegt der lang gestreckte Esplanade-Park der von der Eteäesplanadi rechts und links eingerahmt wird. Hier finden Sie schöne Geschäfte, Restaurants/Cafés und Hotels. Am westlichen Ende steht das bekannteste Warenhaus Helsinkis: Stockmann. Es ist mit dem KaDeWe in Berlin zu vergleichen.

Sehenswert ist auch eine weitere Kirche. Nach einem Kirchturm werden Sie aber vergebens Ausschau halten. Die Temppeliaukio-Kirche wurde in einen Felsen gehauen, der von einer flachen Kuppel überdacht wird. Die 1969 fertiggestellte Kirche am Ende der Frederikinkatu ist von außen so gut wie gar nicht zu erkennen (tägl. 10:00-18:00). Zwischen der Kupferkuppel und dem Felsen wurde zwischen Betonstreben Glas verbaut, durch das Tageslicht in den fast runden Innenraum fällt. Wegen ihrer hervorragendene Akustik wird die Kirche oft für Konzerte genutzt.

Die Seefestung Suomenlinna ist Weltkulturerbe der UNESCO. Die Festung auf der vorgelagerten Insel erreichen Sie das ganze Jahr über mit der Fähre des öffentlichen Nahverkehrs (HSL) vom Marktplatz aus (bei der alten Markthalle).

Eine wunderbare öffentliche Sauna finden Sie im Süden Helsinkis in der Hernesaarenranta 4 direkt am Meer. Hier im Löyly finden Sie gemischte Saunen, was in Finnland nicht oft der Fall ist. Abkühlen im Meer ist auch im Winter möglich (tägl. 16:00-22:00, Morgensauna Sa 8:00-10:00). Die Architektur des Gebäudes mit Restaurant und großzügigen Holzterrassen ist sehr schön.

i Informationen über weitere Highlights der finnischen Hauptstadt finden Sie unter www.myhelsinki.fi/de.

Die Weiterfahrt zum Polarkreis durch Finnland ist sehr entspannt: wenig Verkehr, gut geräumte Straßen, die oftmals schnurgerade verlaufen – und keine Mautgebühren!

Zwischen Helsinki und dem Polarkreis (bzw. Ranua Wildlife Park) halte ich mich nicht sehr lange auf. Die

knapp 830 km fahre ich in zwei Tagen auf der E75 über Lahti, Jyväskylä und Oulu. Kaum sind Sie aus Helsinki heraus, beginnen die endlosen Wälder Finnlands. Wenn die Bäume mit Schnee bedeckt sind oder durch die Kälte mit Eiskristallen behaftet sind, sieht das einfach wunderschön aus. Die Straßen sind sehr gut präpariert und in angenehmen Abständen finden Sie Rastplätze mit Tankstellen.

Zwischendrin passieren Sie einige ganzjährig geöffnete Campingplätze (☞ unten). Ich mag den Emolahti Camping bei Pyhäjärvi am gleichnamigen See, 450 km von Helsinki entfernt. Neben der Lage ist auch die Sauna sehr gut.

Die E75 führt über Oulu am Bottnischen Meerbusen entlang bis nach Kemi und dann weiter dem Fluss Kemijärvi folgend nach Rovaniemi und zum Polarkreis. Ich möchte Ihnen ab Oulu eine andere Route zum Polarkreis empfehlen, da Sie entlang dieses Abschnitts zu dem wunderbaren Zoo von Ranua gelangen. Fahren Sie am Autobahnkreuz in Oulu an der Ausfahrt 10 auf der Straße 20 Richtung Kuusamo. In Pudasjärvi biegen Sie links auf die Straße 78 Richtung Rovaniemi/Ranua ab. Von Oulu nach Ranua sind es 160 km (Start der Route 1).

⛺ Ganzjährig geöffnete Campingplätze zwischen Helsinki und Oulu entlang der E75:

- Rastila Camping, Karavaanikatu 4, ☏ +358/(0)9/31 07 85 17, 00980 Helsinki, 💻 www.hel.fi/Helsinki/en/culture/leisure/rastila/, GPS: N 60°12.4014' E 025°7.2832', ⇧ 9 m
- Heinola Camping Heinäsaari, Heinäsaarentie 101, 18100 Heinola, ☏ +358/(0)20/719 97 75, ✉ heinasaari@soumicamping.fi, 💻 www.suomicamping.fi/heinasaari, GPS: N 61°12.7458' E 026°0.9336', ⇧ 78 m
- Gasthaus/Camping Koskenniemi, Koskenniementie 66, 19600 Hartola, ☏ +358/(0)3/716 11 35, ✉ email@koskenniemi.com, 💻 www.koskenniemi.com, GPS: N 61°33.7500' E 025°59.7666', ⇧ 75 m, 75 km nördlich von Lahti
- Emolahti Camping, Pellikantie 430, 86800 Pyhäjärvi, ☏ +358/(0)40/181 07 50, ✉ info@emolahti.com, 💻 www.emolahti.com, GPS: N 63°39.8914' E 025°53.9739', ⇧ 139 m
- Nallikari Lomakylä, Leiritie10, 90510 Oulu, ☏ +358/(0)44/703 13 53, ✉ reception@nallikari.fi, 💻 www.nallikari.fi, GPS: N 65°1.7748' E 025°25.0636', tolle Lage an einem Strand auf einer Insel auf Meereshöhe
- Ranua Wildlife Park (Ranua Zoo Camping), Rovaniementie 29, 97700 Ranua, ☏ +358/(0)40/556 35 55 oder +358/(0)40/517 74 36, ✉ sales@gulo.fi oder ranuawildlife@ranua.fi, 💻 www.ranuazoo.com, GPS: N 65°56.6277' E 026°28.1029', ⇧ 162 m

Für welche Fährfahrt und welchen Anreiseweg Sie sich auch entscheiden: Sie alle münden in eine der von mir im Folgenden beschriebenen Routen, auf der Sie die Reise dann fortsetzen können. Je nach zur Verfügung stehender Zeit können Sie die Routen auch miteinander kombinieren und sich mehrere Wochen in dieser traumhaften Landschaft oberhalb des Polarkreises im arktischen Skandinavien aufhalten.

Die sagenhaft schöne Winterlandschaft Nordskandinaviens ist eine der unberührtesten Regionen Europas. Die vorhandenen Straßen sind aber wie schon erwähnt in allen drei Ländern auch im Winter immer gut geräumt – da auch so weit im Norden Menschen leben und die drei Staaten alles dafür tun, dass diese dort auch bleiben und nicht in die Ballungsgebiete im Süden ziehen, versucht man, ihnen das Leben so angenehm wie möglich zu machen. Seien Sie sich immer bewusst, wie weit Sie sich im Norden aufhalten. In anderen Ländern gibt es oberhalb des nördlichen Polarkreises gar keine Straßen mehr! Genießen Sie die Ruhe, die saubere Luft, den wirklich weißen Schnee und die unglaublichen Farben in den langen Dämmerungsphasen und freuen Sie sich auf einen sagenhaften Sternenhimmel, unter dem Sie hoffentlich mit etwas Glück eines der phänomenalsten Naturschauspiele überhaupt sehen können – das Nordlicht!

Moschusochse, Ranua Wildlife Park, Finnland

Natürlich finden Sie in den Routenbeschreibungen Informationen zu geöffneten Campingplätzen und schönen Stellplätzen, Tankstellen und Gasflaschenverkaufsstellen.

Route 1/Finnland: Ranua – Rovaniemi – Phyä – Saariselkä – Ivalo – Inari (480 km)

Diese Route führt Sie vom Polarkreis durch ein hügeliges Finnland zum drittgrößten See des Landes (Inarijärvi) bei Inari, dem Zentrum der Sámikultur. Es geht vorbei an Skigebieten und in Nationalparks mit Hunderten Kilometern gespurter Langlaufloipen. Sie können Schneeschuhwanderungen durch menschenleere Regionen bis nahe an die finnisch-russische Grenze unternehmen. Aber auch Huskys würden Sie gerne in die weiten finnischen Wälder chauffieren. Tankstellen sind auf diesen 480 km in sehr guten Abständen zu erreichen und der Kauf von Gasflaschen ist ebenfalls problemlos möglich.

Ranua

⛺ Ranua Wildlife Park (Ranua Zoo Camping), Rovaniementie 29, 97700 Ranua, ☏ +358/(0)40/556 35 55 oder +358/(0)40/517 74 36, ✉ sales@gulo.fi oder ranuawildlife@ranua.fi, 💻 www.ranuazoo.com, GPS: N 65°56.6277' E 026°28.1029', ⇧ 162 m

Luchs im Polar Park, Norwegen

Ranua ist einen längeren Aufenthalt wert, da man hier viel unternehmen kann. Nach der langen Fahrt zwischen Helsinki und Ranua können Sie hier die Ruhe in der weiten Winterlandschaft genießen.

Gleich neben dem ganzjährig geöffneten Campingplatz befinden sich eine Huskyfarm und der Ranua Wildlife Park. In diesem können Sie die arktische Tierwelt in überwiegend sehr großzügigen Gehegen bewundern.

Außerdem finden Sie in Ranua Restaurants, Souvenirshops und das Büro von Wildlife Safaris. Hier können Sie Hundeschlitten-, Schneemobil-, Langlauf- oder Schneeschuhtouren buchen.

Ranua Wildlife Park, Kontaktdaten ☞ oben (⛺)
❄ Wildlife Safaris, Rovaniementie 29, 97700 Ranua, ☏ +358/(0)40/556 35 55,
✉ sales@wildlifesafaris.fi, 💻 www.ranuazoo.com,
GPS: N 65°56.6277' E 026°28.1029', ⇧ 162 m

Die Ausflüge in die unberührte, weite Winterlandschaft sind einfach herrlich. Und die Ruhe in dieser Märchenlandschaft ist sehr erholsam.

Von Ranua sind es 80 km durch bewaldete Landschaft bis nach Rovaniemi. Der Besuch des Arktikums – ein Museum und Wissenschaftszentrum zur Arktis und zur finnisch-lappländischen Kultur und Geschichte – ist absolut lohnenswert.

⌘ Arktikum, Pohjoisranta 4, 96200 Rovaniemi, ☏ +358/(0)16/322 32 60,
✉ info@arktikum.fi, 💻 www.arktikum.fi, 🚪 1.9.-30.11. Di-So 10:00-18:00,
Mo geschlossen, 1.12.-31.12. 10:00-18:00, 24.12. geschlossen, 1.1.-11.1.
10:00-18:00, 12.1.-31.5. Di-So 10:00-18:00, Mo geschlossen,
GPS: N 66°30.4443' E 025°43.5510', ⇧ 82 m

Interessant ist auch das Wissenschaftszentrum Pilke, das in einer interaktiven Ausstellung Wissenswertes über die nordischen Wälder darbietet. Sie finden es gleich neben dem Arktikum.

⌘ Science Centre Pilke, Ounasjoentie 6, 96299 Rovaniemi, ☏ +358/(0)2 06/39 78 20,
✉ pilke@metsa.fi, 💻 www.tiedekeskus-pilke.fi/en/, 🚪 1.9.-29.11. Di-Fr 9:00-18:00,
Sa-So 10:00-16:00, Mo geschlossen, 30.11.-6.1. Mo-Fr 9:00-18:00, Sa-So 10:00-18:00, 7.1.-31.5. Di-Fr 9:00-18:00, Sa-So 10:00-16:00, Mo geschlossen

Knapp 10 km sind es vom Zentrum von Rovaniemi zum Polarkreis, der hier weniger als Polarkreis denn als Santa Claus Village angepriesen wird. Hier wohnt schließlich der Weihnachtsmann, den man das ganze Jahr besuchen kann. Die passende Musik beschallt das immer größer werdende Weihnachtsdorf das ganze Jahr über.

⌘ Santa Claus Village, 💻 www.santaclausvillage.info/de

Polarkreis, Napapiiri, Polarsirkelen, Polcirkeln

66°33'45,9" nördlich des Äquators verläuft der Polarkreis, der die südlichste Breite der Erde markiert, an der die Sonne an den Tagen der Sonnenwende nicht mehr auf- bzw. untergeht. Diese Tage nennt man im Sommer auch Mitternachtssonne und im Winter Polarnacht. Ursache dieses Phänomens ist die Neigung der Erde. Die Erdachse, um die sich die Erde dreht, verläuft schräg zur Sonne. Haben wir auf der nördlichen Halbkugel Sommer, ist die gesamte Nordkappe Richtung Sonne geneigt und die Sonne scheint den ganzen Tag. Im Winter ist es genau andersherum: Durch die Neigung und die Rotation um die Sonne erreicht kein Sonnenstrahl die Nordkappe, die Polarnacht ist da.

Auf der E75 geht es hinter dem Polarkreis einige Kilometer weiter Richtung Norden. Im Ort Vikajärvi biegen Sie rechts für knapp 60 km auf die Straße 82 Richtung Kemijärvi ab. Kurz vor dem Ort geht es links für knapp 30 km auf die E63, bevor Sie dann auf der 962 14 km nach Phyä fahren. Voraus erblicken Sie schon die baumfreien Fjells des Pyhä-Luosto-Nationalparks (Pyhä-Luosto kansallispuisto).

Pyhä

ℹ Informationen zu Pyhä finden Sie unter 💻 www.pyha.fi.

⛺ Etwas außerhalb des Ortes liegt oberhalb des Sees Pyhäjärvi ein ganzjährig geöffneter Campingplatz. Phyhän Asteli, Astelintie 1, 98530 Pyhätunturi,
☏ +358/(0)40/188 77 77, ✉ info@pyhanasteli.fi, 💻 www.pyhanasteli.fi,
GPS: N 67°3.0474' E 027°12.5527', ⇧ 160 m

🛒 ⛽ Einen Supermarkt (mit Gasflaschenverkauf) und eine kleine Tankstelle finden Sie gleich am ersten Kreisverkehr.

☺ Für Pyhä gibt es eine kostenlose Nordlichtalarm-App, in der auch die besten Plätze zur Beobachtung des Naturphänomens markiert sind:
💻 www.pyha.fi/auroraalertpyha.

Der kleine Ort Pyhä grenzt mit seinen Skipisten direkt an den südöstlichen Teil des Nationalparks. Fünf Fjells, die Pyhätunturi, reihen sich hier wie eine Kette aneinander, wobei der 490 m hohe Kultakero für die Skipisten von Pyhä herhalten muss. Es ist die südlichste Bergkette (*tunturi*) des Landes. Zwischen den einzelnen Fjells haben sich stellenweise extrem steile Schluchten gebildet.

Im Ort ist der Besuch des Pyhä-Luosto-Besucherzentrums Naava empfehlenswert. In der Ausstellung erfahren Sie einiges über die Natur des Nationalparks und die Kultur der Sámi in der Region. Sie erhalten auch Auskünfte über die vorhandenen Wanderwege. Im Café Loimu werden lokale Produkte serviert.

www.nationalparks.fi/en/pyha-luostovisitorcentre

Die 24 km zwischen Pyhä und Luosto verlaufen immer entlang der Nationalparkgrenze mit Blick auf den Fjell mit seinen baumlosen Hügeln.

-18°C und 1,59 € für den Liter Diesel in Pyhä

Luosto

ℹ Informationen zu Luosto finden Sie unter 💻 www.luosto.fi.

⛺ Lapland Hotel Luostotunturi Caravan Park, Luostontie 1, 99555 Luosto,
☎ +358/(0)16/62 04 00, ✉ luostotunturi@laplandhotels.com,
💻 www.laplandhotels.com, GPS: N 67°9.3408' E 026°54.3394', ⇧ 259 m

☺ Auch Luosto bietet eine kostenlose Nordlichtalarm-App an:
💻 www.luosto.fi/auroraalertluosto.

In dem kleinen Ort Luosto gibt es einen Caravan Park, der zum Lapland Hotel Luostotunturi gehört. Er liegt direkt am Beginn der Loipen und Wanderwege im Wald. Schneeschuhwanderungen oder Langlauftouren sind auch hier ein absolutes Highlight, denn wenn die Bäume sich unter der Schneelast biegen, nehmen sie fantasievolle Formen an. Einige der Bäume sollen an die 400 Jahre alt sein. Von der baumlosen Spitze des Ukko-Luosto-Fjells, immerhin 514 m hoch, haben Sie eine hervorragende Aussicht. Und eine Nachtwanderung unter dem Sternenhimmel mit Schneeschuhen, Stirnlampe und Fotoausrüstung, in der Hoffnung, das Nordlicht zu sehen, ist etwas Feines.

Von Luosto in den nächstgrößeren Ort Sodankylä sind es 34 km, von denen ein größerer Teil auf der E75 verläuft. Tankstellen, Supermärkte, Gasflaschenverkauf: alles vorhanden. Auf der E75 geht es weiter Richtung Norden durch große Waldgebiete, die aber immer wieder Blicke auf die umliegenden Fjells freigeben. Ein reizvoller Abstecher folgt 120 km nördlich von Sodankylä in der Ortschaft Kakslauttanen.

Lohnender Abstecher: Fjellzentrum Kiilopää

Folgen Sie dem Abzweig in Kakslauttanen rechts für 6 km zum Fjellzentrum Kiilopää (Suomen Latu Kiilopää), das am Rande des Urho-Kekkonen-Nationalparks (*kansallispuisto*) liegt. Im Osten grenzt der Park an Russland. Das Fjellzentrum Suomen Latu Kiilopää beherbergt verschiedene Unterkünfte, Restaurants und auch einen Minimarkt. Die Gegend ist prädestiniert für traumhafte Schneeschuhwanderungen oder Langlaufausflüge. Der Berg Kiilopää erreicht immerhin eine Höhe von 546 m, um ihn herum sind fast 200 km Loipen gespurt, davon 35 km beleuchtet. Schneeschuhe und Skier können ausgeliehen werden. Wieder so ein einmaliger Platz, um ein paar Tage zu verweilen. Und da es in der Gegend nicht so viel Beleuchtung ringsherum gibt, können Sie das Nordlicht in seiner vollen Pracht sehen. Es gibt keine offiziellen Wohnmobilstellplätze, aber der große Parkplatz (ohne Landstrom) ermöglicht das Übernachten. Fragen Sie vorher aber an der Rezeption, ob es möglich ist. Oder Sie stellen sich knapp 2 km vorher auf den Parkplatz an der Straße nach Kiilopää (GPS: N 68°20.1685' E 027°25.7296').

Suomen Latu Kiilopää, Kiilopääntie 620, 99830 Saariselkä,
☏ +358/(0)16/ 670 07 00, kiilopaa@suomenlatu.fi, www.kiilopaa.fi,
GPS: N 68°20.7892' E 027°27.6666', ⇧ 336 m

Am Abzweig nach Kiilopää befindet sich ein ganzjährig geöffneter Campingplatz. Der Platz ist recht einfach.

Luxia Caravan, Ivalontie 11776, Kakslauttanen, Sodankylä,
☏ +358/(0)40/592 47 85, info@luxia.fi, www.luxia.fi,
GPS: N 68°20.1139' E 027°19.9872', ⇧ 264 m

Keine 10 km weiter folgt der Skiort Saariselkä, der ebenfalls an der Grenze zum Urho-Kekkonen-Nationalpark auf einer Fjellhochebene liegt.

Saariselkä

Informationen zu Saariselkä finden Sie unter www.inarisaariselka.fi.

Es gibt eine Tankstelle, Gasflaschenverkauf und Lebensmittelläden.

In Saariselkä finden Sie Skilifte, Skipisten, Langlaufloipen und Anbieter für Schneemobil-, Rentierschlitten- und Hundeschlittentouren. Eine Wanderung auf den Fjell bietet auch hier eine herrliche Aussicht.

Husky & Co / Lumivalkea Oy, Saariseläntie 10, 99830 Saariselkä, +358/(0)44/729 00 07, husky@huskyco.fi, www.huskyco.fi

Hinter Saariselkä steigt die Straße an und führt über ein Fjell auf 365 m Höhe. Halten Sie oben auf dem Parkstreifen mal an und unternehmen Sie eine kleine Schneeschuhwanderung über den spärlich bewaldeten Fjell.

Die Straße führt Sie danach hinunter bis in den Ort Ivalo, der sich wunderschön an den Fluss Ivalojoki schmiegt.

☺ Ein beliebter Platz, um das Nordlicht in dieser Region zu beobachten, liegt zwischen Saariselkä und Ivalo. Eine kleine Straße (Auskottivaarantie, GPS: N 68°30.3192' E 027°29.6095) führt zu dem kleinen See Pitkäjärvi, der keinen Kilometer von der E75 entfernt liegt.

Ivalo

Informationen über Ivalo finden Sie unter www.inarisaariselka.fi.

Ivalo River Camping & Resort, Kerttuojantie 1, 99800 Ivalo, +358/(0)40/ 039 50 46, info@ivalorivercamping.com, www.ivalorivercamping.com, GPS: 68°37.4769' E 027°32.5689', 125 m, bieten auch Schneemobiltouren an

In Ivalo gibt es alle Einrichtungen in Hülle und Fülle, ist der Ort doch mit knapp 3.500 Einwohnern der größte Nordlapplands.

Gleich am Ortsanfang finden Sie an einer Tankstelle mit Restaurant den Ivalo River Camping, der das ganze Jahr geöffnet hat. Das „River" im Namen beruht auf dem auf der anderen Straßenseite verlaufenden Fluss Ivalojoki, an dessen Ufer im Sommer einige Stellplätze liegen.

Von Ivalo ist es nicht mehr weit bis zur finnisch-russischen Grenze, gerade einmal 52 km.

In der Nähe von Ivalo gibt es eine Huskyfarm mit Guesthouse, Sauna und gutem Essen:

Guesthouse Husky, Hirviniementie 65, 99800 Ivalo, ☎ +358/(0)40/510 70 68, info@guesthousehusky.fi, www.guesthousehusky.fi, GPS: N 68°38.3074' E 027°28.6064', ⇧ 140 m, 5 km außerhalb von Ivalo im Wald, 80 Huskys

Die Fahrt geht weiter durch Ivalo und über den Ivalojoki auf der E75 nach Inari am gleichnamigen See. Die knapp 40 km sind mal etwas kurviger.

Inari

Eine sehr informative Internetseite über die Region Inari-Saariselkä ist www.inarisaariselka.fi/de/.
Die Touristinfo finden Sie im Erdgeschoss des Siida-Museums (☞ unten).
☎ +358/(0)40/168 96 68, tourist.info@inari.fi, www.inarilapland.fi/de/

Langlauf auf dem Inarisee, Finnland

In Inari gibt es leider keinen Campingplatz mehr. Auf den ehemaligen Caravanstellflächen des Holiday Village Inari werden Cottages errichtet. Aber da der Campingplatz zum Hotel Inari gehört, hat man die Möglichkeit, auf dem dortigen Parkplatz zu stehen. Drei Plätze mit Blick auf den See haben auch Landstrom. Sauna und Dusche des Hotels dürfen benutzt werden. Es werden auch alle erdenklichen Winteraktivitäten wie Schneemobiltouren bei Tag und Nacht über den Inarisee, Hundeschlittentouren etc. angeboten.

♦ Infos unter www.visitinari.fi, sales@visitinari.fi, ☎ +358/(0)40/179 60 69, Inarintie 40, 99870 Inari, GPS: N 68°54.3971' E 027°1.5466', ⇧ 120 m

Der See Inarijärvi

Der See im hohen Norden Finnlands ist der drittgrößte des Landes. Mit 40 x 80 km in seiner Ausdehnung ist er fast doppelt so groß wie der Bodensee. Er beherbergt sagenhafte 3.318 Inseln und wirkt daher eher wie eine Seenplatte. Eine der bekanntesten ist die Insel Ukonsaari, ein heiliger Ort der Sámi.

⌘ Das Kirchendorf Inari ist die Hochburg der Sámi in Finnland. Ein sehr schönes Museum ist das Siida. Es zeigt in Filmen, Bildern und Ausstellungsstücken die Besiedlung Skandinaviens seit der Eiszeit und das traditionelle Leben der Sámi bis heute. Eine andere Ausstellung veranschaulicht den Wandel der Flora und Fauna in der arktischen Region im Jahresverlauf in zwölf Abschnitten. Auch der Film über das Polarlicht oder die wechselnden Ausstellungen einheimischer Künstler sind absolut einen Besuch wert. In einem Café werden lokale Gerichte kredenzt. Im Außenbereich erfahren Sie viel über das Wohnen und Leben der Sámi (wenn der Schnee geräumt wurde).

♦ Siida, Inarintie 46, 99870 Inari, ☏ +358 (0)40 089 8212, ✉ siida@samimuseum.fi, 💻 www.siida.fi, 🚪 1.10.-31.5. Di-So 10:00-17:00, Mo geschlossen, GPS: N 68°54.5905‘ E 027°0.7773‘

⌘ Weitere Informationen über die Sámi erhalten Sie im Sámikulturzentrum Sajo. In dem Gebäude befindet sich neben dem finnischen Sámiparlament auch ein Kulturzentrum mit wechselnden Ausstellungen, Theateraufführungen und Filmdarbietungen.

♦ Infos unter 💻 www.sajos.fi oder 💻 www.damediggi.fi

Route 2/Finnland und Norwegen: Inari – Karasjok – Lakselv – Olderfjord – Honningsvåg – Nordkap (385 km)

War die Landschaft von Inari bis zur finnisch-norwegischen Grenze noch recht flach und sehr bewaldet, ändert sich dieses in Norwegen. Die Vegetation wird spärlicher und die Berge erreichen größere Höhen. Und es geht nun viel an einer spektakulären Küste entlang.

Tanken ist entlang dieser Route kein Problem, da in guten Abständen Tankstellen zu finden sind (nur entlang der 100 km zwischen Olderfjord und Honningsvåg nicht). Ganzjährig geöffnete Campingplätze gibt es in Kielajoki/Giellajohka in

Finnland sowie in Karasjok, Skoganvarri und Lakselv in Norwegen. Danach sind bis zum Nordkap erst einmal keine Campingplätze mehr zu finden, aber es folgen einige Parkplätze, auf denen Sie gut übernachten können. In Karigasniemi, Karasjok, Lakselv und Honningsvåg bekommen Sie auch Gasflaschen und Lebensmittelläden sind vorhanden.

Da Sie die Grenze von Finnland nach Norwegen passieren, gelangen Sie auch in eine andere Zeitzone: Sie müssen Ihre Uhr um eine Stunde zurückstellen. Und da Sie von einem EU-Mitgliedsland in ein Nicht-EU-Land einreisen, müssen Sie mit Kontrollen rechnen, besonders die mitgeführten Alkoholmengen werden überprüft.

Die ersten knapp 35 km geht es auf der E75 Richtung Norden. Die Bäume werden schon merklich niedriger. Auf der Straße 92 fahren Sie dann in Richtung der finnisch-norwegischen Grenze bei Karigasniemi (98 km). Die Straße ist etwas schmaler, nur leicht kurvig, aber recht hügelig. Dadurch ergeben sich immer wieder sehr schöne Aussichten.

Nach 60 km kommen Sie an einem ganzjährig geöffneten Campingplatz an einem Fluss vorbei. Da hier ansonsten ringsherum nichts ist, ist das ein traumhafter Ort, um das Nordlicht zu beobachten, am besten vom zugefrorenen Fluss aus.

⛺ Giellajohka, Karigasniementie 2920, 99910 Kaamanen, ☏ +358/(0)40/738 68 25, info@giellajohka.fi, www.giellajohka.com, GPS: N 69°17.5314 E 026°43.3797', ⇧ 206 m, Restaurant mit traditioneller Sámiküche mit lokalen Produkten

40 km sind es von dem Campingplatz in den Grenzort Karigasniemi. Hier sollten Sie noch einmal die Möglichkeit nutzen, etwas günstiger zu tanken, da der Kraftstoff in Norwegen teurer ist. Supermärkte sind auch vorhanden. Und gehen Sie davon aus, dass Sie an der Grenze kontrolliert werden, denn im Winter ist hier nicht so viel los, da wird gerne jedes Fahrzeug gestoppt.

☺ Vergessen Sie nicht, die Uhr um eine Stunde zurückzustellen, wenn Sie aus Finnland kommen.

Auf norwegischer Seite folgt der nächste Ort erst in 18 km Entfernung. Die Straße verläuft 18 km oberhalb des hier stark mäandernden Flusses Karasjokka bis in den Ort Karasjok.

Karasjok

⛺ Im Ort gibt es einen ganzjährig geöffneten Campingplatz. Karasjok Camping, Avjuvargeaidnu, 9730 Karasjok, ☏ +47/97 07 22 25, post@karacamp.no, www.karacamp.no, GPS: N 69°28.1074' E 025°29.0689', ⇧ 145 m

Sehenswert in der Sámihauptstadt Karasjok ist die Architektur des Sámiparlamentsgebäudes Sámediggi (www.samediggi.no).

Wer mehr über die Sámi erfahren möchte, wäre im Sapmi Park (www.visitsapmi.no) genau richtig. Hier könnten Sie anschaulich aufbereitete Informationen über die Kultur, Geschichte und Mythologie dieser nordischen Volksgruppe erhalten – allerdings leider nur im Sommer! Darum kann ich Ihnen nur empfehlen, das Siida Museum in Inari zu besuchen, das ganzjährig geöffnet hat.

90 % der etwa 3.000 Einwohner von Karasjok sind Sámi. Auch ihre eigene Rundfunk- und Fernsehstation sendet von Karasjok aus und die Redaktion der samischen Zeitung „Sami Àigi“ hat hier ihren Sitz.

Wenn Sie vom Campingplatz aus noch 5 km weiter der Straße 92 folgen, finden Sie linker Hand die Engholm Huskyfarm. Neben den tollen Hunden sind die Lodges sehr interessant, da sie alle handgemacht sind, das komplette Interieur ebenfalls. Darum nennen sie die Farm auch „Design Lodge".

Engholm Husky Design Lodge, 9730 Karasjok, ☏ +47/91 58 66 25 oder +47/92 44 50 87, post@engholm.no, www.engholm.no, GPS: N 69°26.9568' E 025°21.4839', ⇧ 155 m

Aus Karasjok steigt die E6 recht sanft über mehrere Kilometer auf etwas über 300 m Höhe an. Von der Hochebene haben Sie eine wunderbare Weitsicht. Zugefrorene Seen liegen entlang der Strecke und die Vegetation wird immer dürftiger. Voraus können Sie nach einer Weile Berge am Horizont sehen. Ab und an passieren Sie Parkplätze, von denen sich einige sehr gut zur Nordlichtbeobachtung eignen würden, da keine Stromleitungen die freie Sicht stören. Nachdem die Straße Sie wieder etwas bergab geführt hat, wird die Vegetation gleich wieder üppiger.

50 km hinter Karasjok erreichen Sie den nächsten ganzjährig geöffneten Campingplatz.

Skoganvarre Villamark AS, Turistsenteret, 9722 Skoganvarre, ☏ +47/46 86 29 58, info@skoganvarre.com oder marjo@skoganvarre.com, www.skoganvarre.com, GPS: N 69°50.3885' E 025°4.6993', ⇧ 91 m

Der Platz liegt am See Øvrevatn und der Blick fällt auf die Berge des Stabbursdalen-Nationalparks. Der höchste Berg des Parks ist über 1.100 m hoch – ein wundervoller Anblick! Das Nordlicht können Sie vom See aus sehr schön beobachten. Hier kann es etwas lauter sein, denn das Schneemobilfahren ist (nicht nur) in Nordnorwegen sehr beliebt. Vom See aus führen einige Trails in die umliegende Region. Schneemobile können gemietet werden, ebenso eine Sauna am Seeufer. Ein Restaurant und eine Grillhütte finden Sie auf dem Gelände ebenfalls.

Die restlichen 25 km bis nach Lakselv verläuft die E6 parallel zur Nationalparkgrenze und bietet immer wieder spektakuläre Ausblicke auf dessen Bergpanorama.

Fahrt entlang des Porsangerfjord

Lakselv

In Lakselv können Sie am Ufer des Porsangerfjord auf einem ganzjährig geöffneten Campingplatz übernachten. Fjordutsikten Motell & Camping, 9700 Lakselv, ☏ +47/99 61 17 41, booking@fjordutsikten.no, www.fjordutsikten.no

Tankstellen, Supermärkte und Gasflaschenversorgung sind vorhanden.

Lakselv liegt sehr schön zwischen dem Stabbursdalen-Nationalpark und dem Ende des Porsangerfjords. In dem Ort leben knapp über 2.000 Menschen.

Am Porsangerfjord entlang geht es jetzt auf der E6/E69 bis nach Honningsvåg, stellenweise sehr spektakulär. Das bedeutet 165 km Fahrgenuss pur. Der Fjord ist übrigens mit einer Länge von knapp 125 km der viertlängste Norwegens. Das Verkehrsaufkommen ist hier oben im Winter recht gering, die Straßen sind sehr gut geraumt und absolut nicht schwierig zu befahren.

Bis ins 65 km entfernte Olderfjord sind die Berge ringsherum nicht mehr so hoch. Die Aussicht auf das gegenüberliegende, karge Ufer des hier noch nicht ganz so breiten Fjords ist schon schön. In Olderfjord zweigt die E6 Richtung Alta ab, jetzt geht es auf der E69 weiter Richtung Nordkap.

Alta

Im Ort gibt es ein Hotel mit Restaurant, einen Souvenirladen und eine Tankstelle. Der Campingplatz hat für Wohnmobile im Winter nicht geöffnet.

☞ Weitere Informationen zu Alta finden Sie bei Route 3.

↳ Lohnender Abstecher: Landschaftsroute Havøysund

4 km hinter Olderfjord fahren Sie im Ort Smørfjord auf der Fv889 nach Havøysund. Der Abstecher ist 84 km lang (ein Weg), wovon die letzten 67 km zu den „Nasjonale Turistveger" (nationalen Touristenstraßen/Landschaftsrouten) gehören. Das sind Straßenabschnitte, die durch landschaftlich besonders sehenswerte Landschaften führen. Und der Staat hat entlang dieser Straßen architektonisch wirklich sehr spektakuläre Rastplätze in die Natur integriert. Bisher gibt es in Norwegen 18 dieser Landschaftsrouten.

Die Straße verläuft viel am Wasser entlang durch eine unberührte, schroffe, dramatische Natur. Es geht aber auch über kleinere Bergrücken auf über 230 m Höhe hinauf, um an die nächste Bucht zu gelangen. Am Ende der Straße ist es sehr überraschend, auf einmal auf Zivilisation zu treffen, auf 71° nördlicher Breite. Auch die Schiffe der Hurtigruten legen in dem kleinen Hafen von Havøysund an.

Dieser Abschnitt bietet an den drei errichteten Rastplätzen recht gute Möglichkeiten zur Nordlichtbeobachtung. Die Toilettenhäuschen sind im Winter allerdings nicht geöffnet.

Folgen Sie der Straße in Havøysund am Windpark vorbei bis ans Ende. Dort liegt das Arctic View Restaurant an den Klippen auf einer Höhe von fast 200 m. Leider hat es im Winter geschlossen, aber der Ausblick ist toll!

Im Ort finden Sie einen Supermarkt und eine Tankstelle, an der Sie Grauwasser entleeren können. Dort können Sie auch die Nacht über mit Landstrom und WLAN (gegen eine kleine Gebühr) stehen.

i Informationen über diese Landschaftsroute erhalten Sie auf
www.nasjonaleturistveger.no/de/routen/havøysund.

Den folgenden Abschnitt entlang des Porsangerfjords bin ich u. a. zu einer Zeit im Winter gefahren, als die Sonne schon über dem Horizont erschien, die Dämmerungsphase und blaue Stunde aber noch fast 1,5 Stunden dauerten. So ergaben sich auf der Hin- und auch auf der Rückfahrt bei gutem Wetter ganz wundervolle Farbenspiele.

Die Berge rücken immer wieder recht dicht an das Ufer heran, ab und an kann der Verlauf der Straße nur durch Tunnel fortgeführt werden. Durch den 2.980 m langen Skarvbergtunnel (20 km nach Olderfjord) kann man im Winter nur zu festgelegten Zeiten im Konvoi fahren, da er sehr schmal und auf der anderen Seite auch die Straße recht eng ist.

Ab dem Winter 2019 wird hier mit dem Bau einer neuen Straße und eines neuen Tunnels mit einer Gesamtlänge von 6.800 m (Tunnellänge 3.470 m) begonnen. Fertigstellung soll 2021 sein. Es kann sein, dass die Straße für einige Zeit (besonders im Winter) gesperrt wird. Informationen über die Befahrbarkeit der E69 erhalten Sie unter www.vegvesen.no.

Die Durchfahrtszeiten für den Konvoi waren im Winter 2018/2019 7:20, 10:15, 11:45, 15:45, 17:35, 21:00, 22:45 und 2:45. Ob diese auch nach dem Beginn der Bauarbeiten noch gelten, ist nicht vorherzusagen. Sicherlich wird die Straße wegen Sprengarbeiten zeitweise gesperrt sein.

Dann geht es noch durch den 496 m langen Sortviktunnel, bevor Sie den 1999 fertiggestellten Nordkaptunnel erreichen. Er ist mit 6.870 m Europas drittlängster Unterwassertunnel. Seine tiefste Stelle liegt 212 m unter dem Meeresspiegel und es geht bis zu 10 % runter bzw. rauf. Am anderen Ende liegt hinter dem Tunnel der Kobbholneset-Parkplatz mit Toilettenhäuschen. Sie befinden sich jetzt auf der Insel Magerøya. Der Name bedeutet übersetzt „karge Insel". Im Sommer wachsen hier zwar an die 400 Pflanzenarten, dennoch dominiert das Grau der kahlen Felsen. Die Straße schlängelt sich an der Küste entlang, passiert den 190 m langen Sarnestunnel und folgt weiter recht kurvig der Ostküste der Insel.

Kurz vor Honningsvåg steht noch einmal eine Bergkette im Weg, die wieder bis ans Wasser heranreicht. Der 4.440 m lange Honningsvågtunnel führt durch sie hindurch. Kurz hinter der Tunnelausfahrt können Sie auf einem größeren Parkplatz mit Blick auf Honningsvåg sehr gut stehen. Auf der gesamten Insel gibt es keinen ganzjährig geöffneten Campingplatz.

Honningsvåg

Die Touristeninformation finden Sie direkt am Hafen an der Anlegestelle der Hurtigruten-Schiffe. Touristinformation Honningsvåg, Fiskeriveien 4, Honningsvåg, +47/78 47 70 30, info@northcape.no, www.nordkapp.no, Mo-Fr 11:00-14:00

Supermärkte und Tankstellen mit Gasflaschenverkauf sind im Ort vorhanden.

Über die Internetseite http://honningsvag.kystnor.no können Sie sich Bilder einer Webcam am Hafen anschauen.

Im Hauptort der Gemeinde Nordkap leben um die 2.500 Menschen. Im Hafen legen jährlich knapp 100 Kreuzfahrtschiffe mit rund 130.000 Passagieren an Bord an.

Die Straße zum Nordkap ist zwar das ganze Jahr geöffnet, aber es ist nicht erlaubt, die letzten knapp 15 km ab der Schranke am Abzweig nach Skarsvåg im Winter alleine zu fahren. Die Fahrt bis zum Nordkapfelsen ist nur im Konvoi möglich und das zu festen Zeiten: Treffpunkt an der Schranke an der Skarsvåg-Kreuzung ist immer morgens um 11:00 für Pkw, die Rückkehr vom Nordkap ist um 13:00. Zusätzlich gibt es noch einen weiteren Termin für Pkw und Busse: Um 19:30 startet an gleicher Stelle der Aurorakonvoi, der um 21:45 zurückkehrt. Für die Aurorafahrt wird um Anmeldung unter info@northcape.no oder +47/78 47 70 30 gebeten.

Die letzten Kilometer zum Nordkap geht es nur im Konvoi hinter einem Räumfahrzeug weiter

Wer lieber mit dem öffentlichen Bus zum Nordkap fahren möchte, der muss sich spätestens um 11:30 an der Touristeninformation am Hafen in Honningsvåg einfinden. Tickets können Sie auch online unter 💻 www.nordkapp.no/de/reisen buchen. Der öffentliche Bus, private Busse und die Busse, die die Hurtigruten-Passagiere zum Nordkap fahren, treffen an der Schranke an der Skarsvåg-Kreuzung um 12:00 ein. Ihre Rückfahrt findet um 13:45 statt.

Vom Zentrum in Honningsvåg zum 33 km entfernten Nordkapfelsen führt die E69 am Flughafen vorbei an einer Bucht entlang zunächst zum Campingplatz, der leider nur im Sommer geöffnet hat. Danach steigt die Straße in Serpentinen an. An der Schranke nach der ersten Serpentine ist man auf einer Höhe von 65 m. Bei schlechten Wetterbedingungen kann auch diese schon geschlossen sein. Zügig geht es die nächsten 3 km auf 280 m hoch. Die Fahrt führt über endlose weiße Ebenen mit sagenhaften Aussichten auf Steilküsten.

An der Schranke am Abzweig nach Skarsvåg befinden Sie sich auf einer Höhe von 43 m. Hier beginnt die Konvoifahrt zum Nordkapfelsen mit seinem Globus. Die Straße steigt danach recht zügig durch die baumlose Landschaft auf 300 m an. Das ist auch der Grund, aus dem Reisenden mit Fahrzeugen ohne Spikes oder Ketten im Winter von der Weiterfahrt auf der eisigen, verschneiten Straße abgeraten wird (Ausnahme: 4x4). Hinter einem Räumfahrzeug geht es weiter durch die traumhafte Winterlandschaft einen Berghang entlang bis zum 305 m hoch gelegenen Parkplatz vor der Nordkaphalle.

Und dann steht er vor Ihnen, der Nordkapglobus, 514 km nördlich des Polarkreises. Seit 1978 erhebt er sich hier 307 m über dem Meeresspiegel und trotzt den extremen Wetterbedingungen. Sind es von Oslo zum Nordkap etwa 2.150 km auf der E6/E69, so sind es Luftlinie vom Nordkap zum Nordpol nun auch nur noch 2.111 km – so weit nördlich befinden Sie sich nun. Überlegen Sie einmal, wo man sonst auf der Welt auf gut ausgebauten Straßen so weit in den Norden gelangt. Da blickt man doch gleich noch einmal erfürchtiger zum Horizont!

Das Nordkap

Die GPS-Koordinaten für das Nordkap lauten N 71°10'21' E 025°47'04'.

Der Nordkapglobus ist natürlich ein beliebtes Fotomotiv, Sie merken es, wenn Sie sich anstellen müssen, um ein Selfie von sich mit der Stahlkugel zu machen.

In der angrenzenden Nordkaphalle können Sie einen Panoramafilm und historische Ausstellungen anschauen, Ihr Geld für Souvenirs ausgeben, im Restaurant essen oder eine Postkarte schreiben und sie mit dem Nordkapstempel abstempeln lassen. Da es in der Nordkaphalle auch eine Kapelle gibt, ist es sehr beliebt, hier zu heiraten.

Die Sonne geht am Nordkap vom 20./21. November bis zum 20./21. Januar nicht auf. Das heißt aber nicht, dass es dann die ganze Zeit stockdunkel ist. Die Dämmerungsphase ist sehr lang, ein Traum für jeden Fotografen. In dieser klaren und sauberen Luft bekommt man Farben zu sehen, die so wirken, als seien sie am Computer stark nachbearbeitet worden. Aber diese Farben sind absolut real und ein Traum in dieser spektakulären arktischen Landschaft.

Infoseiten zum Nordkap: www.nordkapp.no, www.visitnordkapp.net

♦ Nordkap-Webcam: http://nordkapp.kystnor.no

Route 3/Norwegen und Finnland: Nordkap – Olderfjord – Alta – Skjervøy – Skibotn – Kilpisjärvi (634 km)

Diese Route führt durch unterschiedliche Landschaften. Zuerst geht es am drittlängsten Fjord des Landes entlang, danach führt die Straße über tief verschneite, baumlose Hochebenen durch die Tundra der Finnmark. In der Stadt Alta kommen Sie mal wieder so richtig mit der Zivilisation in Berührung. Es folgen Fahrten entlang spektakulärer Fjorde und über Bergpässe mit beeindruckenden Aussichten auf über 1.500 m hohe Berge und Gletscher. Die Versorgung mit Diesel, Gasflaschen und Frischwasser ist bis Alta etwas dürftiger, aber kein Problem. Südlich von Alta wird das Tankstellennetz immer dichter.

Die Strecke vom Nordkap bis zum Olderfjord ist ja bereits bekannt (☞ Route 2).

Von Olderfjord Richtung Alta steigt die Straße an und führt auf eine Hochebene. Die Straße führt bis auf 240 m, die weich geschwungenen Berge erreichen keine 500 m Höhe. Hier oben habe ich bei einer meiner Reisen auf einem Parkplatz gestanden und fast fünf Stunden lang ein sagenhaftes Nordlicht sehen können (GPS: N 70°28.568' E 024°51.384', ⇧ 191 m). Es ist natürlich nicht optimal, direkt an der Straße zu stehen, aber das Verkehrsaufkommen ist hier nicht so hoch, und je später es wird, umso geringer wird es. Ich habe die Nacht an der Tankstelle in Skaidi verbracht, die Temperatur lag bei -21 °C. Man war dort so nett, mir einen Stromanschluss zur Verfügung zu stellen.

Ab Skaidi können Sie einen Abstecher nach Hammerfest unternehmen, der Stadt mit dem Eisbärenclub. Die Straße verläuft sehr schön am Wasser entlang und bietet wirklich herrliche Aussichten auf die bis über 600 m hohen, schneebedeckten Berge. Keine 5 km hinter dem Abzweig Richtung Hammerfest befindet sich der Arisberget-Rastplatz mit Servicehäuschen, in dem Sie Ihre Chemietoilette vollautomatisch entleeren können. Da es entlang der 55 km bis Hammerfest für meinen Geschmack allerdings keinen guten Stellplatz für die Beobachtung des Nordlichtes gibt, beschreibe ich im Folgenden den weiteren Weg Richtung Alta.

Die Straße führt das wunderschöne Reppafjorddalen entlang stetig bergauf, bis auch hier eine baumlose Hochebene erreicht ist. Bis auf 385 m steigt die Straße an und bietet einen wirklich sagenhaft schönen, weiten Ausblick. Bei guter Sicht kann man die über 1.100 m hohen Berge des Stabbursdalen-Nationalparks in der Ferne sehen (☞ Lakselv).

Durch das Stokkedalen geht es auf 180 m hinunter zum Leirbotnvannet. Hinter der Sarvesjok-Brücke steigt die Straße noch einmal knackig durch ein schmales Tal auf etwas über 260 m an, um gleich wieder über Serpentinen bergab zum Rafsbotn, einem kleinen Seitenarm des Altafjords, zu führen. Teilweise am Fjord entlang geht es wieder zurück in die Zivilisation nach Alta.

Alta

i Informationen über Alta finden Sie unter 💻 www.visitalta.no.

⛺ In Alta gibt es drei ganzjährig geöffnete Campingplätzen, die Sie über die E45 erreichen. Sie liegen alle drei am Fluss Altaelva nebeneinander.

♦ Alta Strand Camping & Apartment, Steinvossveien 29, 9518 Alta, ☎ +47/91 23 33 33, ✉ mail@altacamping.no, 💻 www.altacamping.no, GPS: N 69°55.6399‘ E 023°16.2211‘ (der hintere Campingplatz)

♦ Camp Alta, Steinvossveien 25, 9518 Alta, ☎ +47/40 07 73 99, ✉ post@campalta.no, 💻 www.campalta.no, GPS: N 69°55.7442' E 023°15.6855'

♦ Alta River Camping, Steinvossveien 5, 9518 Alta, ☎ +47/94 03 27 79, ✉ post@alta-river-camping.no, 💻 www.alta-river-camping.no, GPS: N 69°55.6598' E 023°16.1013‘ (der vordere Campingplatz)

🔥 In Alta können Sie Ihre Gasflaschen an einer LPG-Station auffüllen lassen. Es ist die einzige in der gesamten Region Finnmark. LPG Alta, Pedersen Varmeservice, Myggveien 14, 9514 Alta, ☎ +47/91 10 79 09, 🚪 Mo-Fr 8:00-16:00, GPS: N 69°57.9794' E 023°21.4044'

Alta ist ein sehr guter Beobachtungsort für das Nordlicht, da das Wetter recht stabil ist. Auch sind die Temperaturen trotz der nördlichen Lage (250 km vom Nordkap entfernt) recht mild. Selbst im kältesten Monat Februar sinken sie selten in den zweistelligen Minusbereich. Dank des Nordatlantikstroms ist auch der Hafen ganzjährig eisfrei.

Das Nordlicht und die Geschichte der Erforschung desselbigen ist stark mit Alta verbunden, seit der norwegische Physiker Kristian Birkeland im Jahr 1899 das erste Nordlichtobservatorium auf dem Berg Haldde (⇧ 904 m) erbaute.

Alta ist mit über 12.000 Einwohnern die größte Stadt in der Provinz Finnmark.

⌘ Die berühmteste Sehenswürdigkeit ist das Alta Museum mit seinen Felszeichnungen (Petroglyphen), von denen die ältesten um die 6.500 Jahre alt sein sollen. Die ersten Felsritzungen entdeckte man erst 1972. Etwa 4.000 dieser Felszeichnungen, die Glaubensvorstellungen oder Arbeitsabläufe darstellen, vermutet man an vier verschiedenen Gebieten in und um Alta. Die Ansammlung auf der Open-Air-Fläche des Alta Museum ist dabei die größte. Die Felsen, auf denen die Zeichnungen zu sehen sind, werden im Winter nicht geräumt, sodass Sie sie nur in der schneefreien Zeit sehen können. Die Indoor-Ausstellung, in der Sie mehr über die Geschichte Altas, das Nordlicht und das Lachsfischen im Altafluss erfahren sowie Kunstausstellungen anschauen können, ist das ganze Jahr geöffnet. Im Souvenirshop gibt es sehr schöne Objekte, u. a. von bekannten Sámikünstlern aus der Region. Und der Ausblick vom Café über den Fjord mit den Bergen im Hintergrund ist auch einen Besuch wert.

♦ World Heritage Rock Art Centre – Alta Museum, ☏ +47/41 75 63 30, ✉ post@altamuseum.no, 💻 www.altamuseum.no, 🚪 16.9.-30.12. Mo-Fr 9:00-15:00, Sa-So 11:00-16:00, 2.1.-12.5. Mo-Fr 9:00-15:00, Sa-So 11:00-16:00, GPS: N 69°56.834' E 023°11.216'

✞ Architektonisch fällt in Alta besonders die 2013 geweihte Nordlichtkathedrale (Nordlyskatedralen Alta Kirke) auf. Das Gotteshaus windet sich spiralförmig hoch zum Glockenturm. Aus allen Richtungen betrachtet erinnert das Design an kaskadenartige Wellen – so ist auch das Nordlicht oftmals am Himmel zu sehen. Die aus Beton errichtete Kirche ist außen mit Titanplatten verkleidet, die silbern im Sonnenlicht glänzen. In der Kirche lohnt der Besuch des Cafés mit selbst gebackenem Kuchen und Waffeln. Sie finden die Kirche im südlichen Zentrum in der Markedsgata 30 (GPS: 69°57.9127' E 023°16.0470').

Alta hat auch ein Eishotel: Am Flussufer des Altaelv liegt etwas abgelegen das Sorrisniva-Igluhotel. Natürlich gibt es dort auch eine Eisbar und ein Restaurant. Das Eishotel wird jedes Jahr neu errichtet und die Zimmer werden samt der Eisskulpturen neu gestaltet.

🛏 Sorrisniva, Sorrisniva 20, 9518 Alta, ☏ +47/78 43 33 78, ✉ info@sorrisniva.no, 💻 www.sorrisniva.no, GPS: N 69°51.8784' E 023°19.0876'

Alljährlich am zweiten Märzwochenende ist Alta Treffpunkt der Musher (Hundeschlittenführer) aus aller Welt, denn dann findet der Finnmarksløpet statt, das zweitlängste Hunderennen der Welt über 1.200 km. Dann ist Schluss mit Ruhe in der Region: Hundegebell dominiert die Finnmarksvidda. Gestartet wird an der Nordlyskatedralen.

ℹ Infos unter 💻 www.finnmarkslopet.no

Wer es den Mushern gleichtun möchte, ist in Alta genau richtig, denn zwei Huskyfarmen bieten Touren in die Finnmarkvidda an. Sie liegen nicht sehr weit von den drei Campingplätzen entfernt.

Trasti & Trine, Gargiaveien 29, 9518 Alta, ☎ +47/78 40 30 40, ✉ post@trastiogtrine.no, 💻 www.trastiogtrine.no. Neben den sehr guten Hundeschlittenausfahrten gibt es auf dem Gelände auch ein hervorragendes Restaurant und eine Lodge.

♦ Holmen Husky Lodge, Holmen 48, 9518 Alta, ☎ +47/91 76 48 66, ✉ post@holmenhusky.no, 💻 www.holmenhusky.no

Von Alta aus können Sie auch durch das Landesinnere Richtung Süden nach Finnland zum Zielort dieses Routenvorschlags, Kilpisjärvi, fahren. Auf dieser Route über Kautokeino und Hetta sind es 380 km, von Alta auf der E6 an der Küste entlang „nur“ 324 km (ohne den Abstecher nach Skjervøy). Ich beschreibe Ihnen die spektakulärere Fahrt auf der E6 entlang der landschaftlich reizvollen Küstenstraße.

Hinter Alta hat der norwegische Staat entlang der E6 sehr viel in den Straßenausbau investiert und in den letzten Jahren sieben Tunnel und eine Brücke neu gebaut, um die Strecke „zu entschärfen“.

Zwischendrin liegt der neu angelegte, ganzjährig geöffnete Rastplatz Storvikeidet mit einem Servicehäuschen, in dem Sie vollautomatisch Ihre Chemietoilette entleeren können.

↳ Ein lohnender Abstecher mit Wanderung beginnt kurz hinter Alta hinter der Kåfjordbrücke, wo Sie links auf die Straße Kåfjordbotn abbiegen. Bei den Koordinaten N 69°56.2258' E 023°1.5955' parken Sie Ihr Wohnmobil und folgen zu Fuß der Schotterstraße und dem anschließenden Weg hinauf zum Berg Haldde mit dem ersten Nordlichtobservatorium (☞ oben). Es geht auf 910 m hoch. Die Strecke ist 16,5 km lang (hin und zurück).

Die E6 führt am Ende des Altafjords durch den neuen, 3,4 km langen Áilegastunnel hinüber zum schmalen Langfjord, einem Seitenarm des Altafjords. Die Fahrt am Wasser entlang ist landschaftlich sehr schön, erreichen die Berge auf der gegenüberliegenden Seite doch Höhen von fast 1.000 m. Der über 30 km lange Fjord ist nur dünn besiedelt, aber die Straße ist exzellent ausgebaut. Einen schönen Parkplatz finden Sie bei der Koordinate N 70°3.4135' E 022°27.0921'.

Am Fjordende liegt der kleine Ort Langfjordbotn mit einer Huskyfarm. Sie wird von von Deutschen betrieben, die Sie hier mit ihren Hunden durch eine fantastische Landschaft führen.

Vidda Runners Huskies, Tappeluftveien 3, 9545 Langfjordbotn, ☏ +47/99 15 05 33, ben@vidda-runners.com, www.vidda-runners.com, GPS: N 70°2.4348' E 022°15.5839'

Die Straße führt kurzzeitig mal nicht am Wasser entlang, sondern durch ein Tal hinüber zum nächsten Fjord, der im Ort Burfjord endet. Hier finden Sie eine Tankstelle mit Restaurant und auch einen Supermarkt. Die Straße führt nun hinauf auf 270 m über den Baddereidetpass und danach kurvig, aber gut geräumt wieder auf Meeresniveau hinab. Immer noch ist die Gegend entlang der Straße sehr dünn besiedelt. Um den Badderfjord herum finden Sie im Örtchen Sørstraumen eine Tankstelle mit kleinem Lebensmittelladen und Imbiss. Wenn Sie ein paar Kilometer am Fjord entlanggefahren sind, geht es sehr kurvig und knackig bergauf, hoch nach Gildetun, einer Unterkunft mit Restaurant. Die Passhöhe liegt bei 402 m. Es ist der höchste Punkt der E6 in Nordnorwegen. Der Berg, der sich steil vor Ihnen auftürmt, ist etwas höher als 1.000 m. Der Ausblick von der Passhöhe ist ausgesprochen schön. Leider hat das Gildetun-Restaurant mit seinem gemütlichen Café im Winter nicht geöffnet. Bei einem Warmgetränk die Aussicht zu genießen wäre toll.

Aber – in der Haltebucht an der Straße kurz hinter Gildetun können Sie sich ja in Ihrem Wohnmobil ein Getränk zubereiten und der Aussicht frönen. Dem Wohnmobil sei Dank!

Von der baumlosen Passhöhe geht es wieder bergab bis auf Meereshöhe nach Oksfjordhamn am Oksfjorden. Fahren Sie den Bergabschnitt bei Schnee und Eis in einem niedrigen Gang, damit die Motorbremse beim Bremsen hilft. Dadurch blockieren die Räder nicht so leicht.

Es geht wieder wunderbar am Wasser entlang bis zum Fosselv-Campingplatz.

Fosselv Camping, Straumfjord øst 544, 9151 Storslett, ☏ +47/91 63 61 93, bk@fosselv-camping.no, GPS: N 69°50.3791' E 021°12.5734'. Wenn Sie vorab anfragen, räumt man je nach Aufwand vielleicht eine Stellfläche frei.

Alternativ folgt ein paar Kilometer weiter am Ende des Straumfjordbotn ein Wohnmobilstellplatz ohne jeglichen Service (GPS: N 69°48.2109' E 021°8.2694').

Der folgende Ort Storslett liegt am Fluss Reisaelva. Eine Tankstelle mit Gasflaschenverkauf und auch Lebensmittelläden sind vorhanden, im angrenzenden Ort Sørkjosen ebenso.

Hinter dem Ort geht es seit Anfang 2018 durch einen 4,6 km langen Tunnel, der durch das Sørkjosfjellet führt. Vorher galt die enge, kurvige Straße über die Berge als Problemstrecke, da sie im Winter oft wegen Lawinen, Vereisung oder Schneewehen gesperrt werden musste. Oftmals kam man nur im Konvoi hinüber. Ich bin die Strecke Anfang 2018 noch über die 230 m hohe Passstraße gefahren und war bei den vorherrschenden Straßenverhältnissen froh, als ich es geschafft hatte.

Gleich hinter dem Tunnel möchte ich Ihnen einen Abstecher auf der 866 ins 35 km entfernte Skjervøy empfehlen.

Vom Festland fahren Sie durch den recht schmalen, 2.122 m langen Maursundtunnel. Er erreicht eine Tiefe von 92 m unter den Meeresspiegel und führt Sie auf die Insel Kågen. Die Straße verläuft an der Küste zwischen dem Meer und über 1.000 m hohen Berge entlang. Beim Blick über das Meer schauen Sie auf vorgelagerte Inseln mit schroffen Bergen, ein wunderschönes Szenario.

Von der Insel Kågen gelangen Sie über eine Brücke auf die Insel Skjervøya, auf der der Ort Skjervøy in einer geschützten Bucht liegt.

Skjervøy

In Skjervøy existieren eine kleine Tankstelle und mehrere Supermärkte.

Auf dieser Website können Sie sich den Ort per Webcam anschauen: http://portskjervoy.kystnor.no.

Es gibt hier keinen Campingplatz, aber wenn Sie vor der Brücke auf die Insel Skjervøya links auf die 869 zum Fähranleger von Storstein abbiegen, kommen Sie am Ende der Straße zu einem Parkplatz, auf dem Sie sehr gut stehen können (GPS: N 70°1.9248' E 020°50.6595'). Als ich dort war, durfte ich mein Wohnmobil mit Landstrom aus dem beheizten Warteraum versorgen. Ein Toilettenhäuschen ist ebenfalls vorhanden. Der Blick auf die umliegenden Inseln mit ihren über

1.200 m hohen Bergen ist wundervoll. In zwei Nächten konnte ich hier das Nordlicht beobachten. Hierzu bin ich allerdings auf die Insel Skjervøya gefahren, da die Beleuchtung am Fähranleger doch sehr hell ist.

Auch die Postschiffe der Hurtigruten haben diese schöne Insel für sich entdeckt und legen in dem geschützten Hafen an.

Blick vom Fähranleger Storstein bei Skjervøy

Skjervøy ist in den Wintern 2018 und 2019 mehr und mehr zum Hotspot für die Beobachtung von Orcas und Buckelwalen geworden. Bis 2006 zog es die riesigen Heringsschwärme in ihr Winterquartier in den Tysfjord südlich der Lofoten, wohin ihre Jäger, die Orcas und Buckelwale, ihnen folgten. Doch von heute auf morgen verschwanden sie, um ab 2012 rund 250 km weiter nördlich an den Küsten der Vesterålen und im Andfjord zu überwintern. Bis 2016 konnte man die Wale dort im Winter beobachten. 2017 waren sie erneut verschwunden. Sie folgten den Heringsschwärmen zu ihren neuen Winterquartieren bei Tromsø. Danach zogen die Heringsschwärme samt Gefolge erneut weiter. 2019 war es das Gewässer u. a. um die Inseln Skjervøya, Arnøya, Laukøya und Vorterøya, in denen die Heringsschwärme überwinterten und somit die Buckel- und Finnwale sowie Schwertwale (Orcas) anzogen.

Man ist sich nicht sicher, ob der Klimawandel und damit die Erwärmung der Meere schuld daran ist, dass der Hering sein Winterquartier immer weiter nördlich aufsucht, oder ob es ein natürlicher Zyklus ist. Wo die Heringe sich gerade aufhalten, kann man über die Webseite 💻 www.imr.no erfahren.

Ein Anbieter für Walbeobachtungstouren folgt den Tieren von Tromsø aus hierher.

Fluke eines Pottwals

▷ Wild Seas, Hans Mustads Gate 12, 2821 Gjøvik, ☎ +47/90 07 88 96, ✉ info@wildseas.no, 💻 www.wildseas.no. Der Anbieter startet seine Walsafaris in Tromsø und fährt mit seinen Teilnehmern nach Skjervøy, da z. B. die Orcas hier hoch in den Norden kommen, um den Hering zu jagen. Man kann auch mit ihm absprechen, dass man mit seinem Wohnmobil in Skjervøy auf ihn wartet.

Wieder zurück auf der E6 verläuft die Straße für 100 km an einem spektakulären Fjord entlang, dem Lyngenfjord. Der schmale Fjord wird auf seiner Westseite von den Lyngenalps begrenzt. Die Berge ragen stellenweise steil aus dem Fjord auf und ereichen Höhen von über 1.800 m. Aber auch an der Fjordseite, an der die E6 verläuft, ragen die Berge über 1.000 m in die Höhe.

Von Djupvik aus blicken Sie hinüber auf den Strupbreen, einen Gletscher in den Lyngenalps.

Von der Ortschaft Olderdalen können Sie mit einer Fähre auf die andere Seite des Lyngenfjords nach Lyngseidet gelangen, wo es eine Tankstelle und Lebensmittelläden gibt. Nach einer weiteren Fährfahrt über den Ullsfjord auf der Rückseite der Lyngenalps und der Fahrt auf der 91 durch ein schönes Tal gelangen Sie schließlich nach Tromsø (☞ Route 5). Das ist eine Abkürzung von 100 km gegenüber der Fahrt auf der E6/E8.

Informationen über die Abfahrtszeiten beider Fährverbindungen mit Bjørklids Ferjerederi erhalten Sie unter 💻 www.bjorklid.no.

Hinter Olderdalen verläuft die E6 entlang des sehr schmalen Kåfjords, einem Seitenarm des Lyngenfjords. Die Bergkulisse ist sagenhaft schön, die Bergspitzen toll geformt. Am Ende des Fjords liegt der Ort Birtavarre mit Tankstelle und Supermärkten.

Hinter der Ortschaft geht es durch drei Tunnel wieder Richtung Lyngenfjord. Die Tunnel mussten hier gebaut werden, da einige Berge bis an das Wasser heranreichen und eine normale Straßenführung unmöglich machten. Hinter dem ersten Tunnel (Isfjelltunnel, 3,2 km) folgt ein schöner Parkplatz mit Toilettenhäuschen. Der 2,3 km lange Skardalstunnel schließt sich direkt dahinter an.

Der neueste Tunnel beginnt hinter dem Ort Løkvoll (mit Tankstelle und Supermarkt) und führt nach Nordnes. Der 5,7 km lange Nordnestunnel wurde Ende 2018 eröffnet. Er wurde gebaut, weil die alte Straßenführung entlang einer Landzunge zu gefährlich wurde. Herabstürzende Felsbrocken, Lawinen und Erdrutsche machten die Straße immer wieder unpassierbar. Und wenn die Straße unpassierbar war, bedeutete das eine Umleitung über Finnland von über 700 km Länge.

Aus der Tunnelröhre wieder heraus sind Sie erneut am Lyngenfjord und blicken direkt auf die schneebedeckten Berge der Lyngenalp. Auf dem ebenfalls neu angelegten Parkplatz können Sie in dem Servicehäuschen die Chemietoilette Ihres Wohnmobils kostenlos entleeren.

Ein weiterer Tunnel folgt noch bis in den Ort Skibotn. Neben einer Tankstelle und Lebensmittelläden gibt es hier einen großen, ganzjährig geöffneten Campingplatz.

⛺ Olderelv Camping, 9143 Skibotn, ☎ +47/77 71 54 44, ✉ firmapost@olderelv.no, 💻 www.olderelv.no, GPS: N 69°22.8999‘ E 020°17.7379‘

Kurz hinter dem Campingplatz zweigt die E8 links Richtung Finnland ab, dem Ziel dieser Route. Machen Sie die Weiterfahrt etwas von den Wetterbedingungen abhängig. Wenn die Vorhersage für die Küstenregion gut ist, lohnt es sich, weiter auf der E6/E8 über Hatteng am Ende des Lyngenfjords und Nordkjosbotn am Balsfjord zum Campingplatz von Tromsø zu fahren (120 km). Tromsø und Umgebung sind für die Nordlichtbeobachtung hervorragend geeignet. Mein favorisierter Ort ist die Insel Sommarøya (☞ unten).

Ist die Wettervorhersage für das Landesinnere gut, fahren Sie kurz hinter dem Campingplatz in Skibotn auf die E8, den Nordlysveien (die Nordlichtroute), und bergauf zur gerade einmal 46 km entfernten norwegisch-finnischen Grenze, die immerhin auf einer Höhe von knapp über 500 m liegt. Die Fahrt hinauf nach

Finnland ist wunderschön, führt sie doch durch das immer schmaler werdende Skibotndalen bis hinauf zu einer Hochebene. Der Fluss Skibotn liegt dabei immer unter Ihnen. Die Straße ist exzellent ausgebaut und sehr gut zu befahren, auch bei Schnee und Eis.

Auf der Hochebene gibt es einige Parkplätze darunter den Northern-Light-Route-Info-Parkplatz (GPS: 69°7.6384' E 020°44.5917'). Er liegt etwas abseits der Straße und ist absolut perfekt für die Nordlichtbeobachtung. Ich hatte hier das Glück, das Nordlicht in einer Nacht Anfang März vom Sonnenuntergang bis zum Sonnenaufgang am nächsten Morgen in sehr intensiven, sich verändernden Farben und ständig wechselnden Formen zu sehen. Aber auch die Temperaturen waren beeindruckend: Bis auf -27 °C sanken sie in der Nacht. Aber dank des Wohnmobils konnte ich mich immer wieder zwischendurch aufwärmen und z. B. die kalt gewordenen Handschuhe gegen die warmen, die auf der Heizung lagen, austauschen. Da das Nordlicht in der Nacht so aktiv war und immer wieder an anderer Stelle hell leuchtete, da es sich manchmal so schnell über den Himmel bewegte, traute ich mich nicht, vom Wohnmobil aus per Fernauslöser zu arbeiten. So stand ich ständig an einer der beiden Kameras und schaute, ob auch alles korrekt lief.

Der lang gezogene Ort Kilpisjärvi beginnt gleich hinter der Grenze. Er liegt am gleichnamigen See mit tollem Panorama. Am See gibt es auch einen sehr schönen, großen Parkplatz direkt unterhalb des 1.029 m hohen Bergs Saana (GPS: N 69°1.5807' E 020°50.7458', ⇧ 485 m). Der Saana ist ein heiliger Ort der Sámi.

☺ Nicht vergessen, die Uhr wieder um eine Stunde vorzustellen!

Kilpisjärvi

⛺ Der Ort hat einen ganzjährig geöffneten Campingplatz. Tundrea, Käsivarrentie 14188, 99490 Kilpisjärvi, ☏ +358/(0)40/039 66 84, ✉ info@tundrea.fi, 💻 www.tundrea.fi. Das dazugehörige Restaurant kann ich absolut empfehlen.

♦ Kilpisjärven Retkeilykeskus Oy, Käsivarrentie 14663, 99490 Kilpisjärvi, ☏ +358/(0)40/778 94 45, ✉ info@kilpisjarvicamping.com, 💻 www.kilpisjarvicamping.com. Der Campingplatz ist von Mitte März bis Anfang Mai und von Anfang Juni bis Mitte September geöffnet. Er liegt oberhalb des Sees. Hier beginnt ein Wanderweg auf den Saana. Dass die Aussicht von dort grandios ist, versteht sich von selbst

⛽ 🛒 Es gibt eine Tankstelle und einen Lebensmittelladen.

🔥 Gasflaschen können Sie in dem Einkaufszentrum an der Tankstelle kaufen.

In Kilpisjärvi ist alles wieder etwas günstiger als in Norwegen und der Euro kommt als Währungsmittel wieder zum Einsatz.

In der Höhe und entfernt von der Küste sind die Temperaturen im Winter im Landesinneren um einiges niedriger. Ich bin auf meinen Reisen mehrfach in Kilpisjärvi gewesen – ich mag diesen Ort samt See einfach –, auch in verschiedenen Wintermonaten, aber das Thermometer lag in der Nacht immer im zweistelligen Minusbereich.

Ein sehr lohnender Ausflug in die wunderschöne Natur ist eine Tour mit dem Schneemobil zum Dreiländereck zwischen Finnland, Norwegen und Schweden. Die Fahrt verläuft zu großen Teilen auf der schwedischen Seite des Kilpisjärvi. Der Grenzpunkt wird durch einen großen, runden gelben Betonklotz markiert.

Morgens am See Kilpisjärvi

Er steht auf einer künstlichen Insel im See Koltapahtajärvi, der im Naturschutzgebiet Malla liegt. Der See ist natürlich im Winter zugefroren. Wo ist es schon möglich, beim Umrunden eines Betonklotzes drei Länder zu betreten? Der Touranbieter ist Kilpissafarit.

❄ Kilpissafarit, Tsahkalluoktantie 14, 99490 Kilpisjärvi, ☏ +358/(0)40/545 51 23, info@kilpissafarit.fi, www.kilpissafarit.fi, GPS: N 69°1.0176‘ E 020°51.9232‘. Sportlich ambitionierte Winterfreaks können auch mit Langlaufskiern zum Dreiländereck wandern.

Dieser nordwestliche schmale Streifen Finnlands, der zwischen Norwegen und Schweden liegt, wird auf Finnisch übrigens „Käsivarsi“, zu Deutsch „der Arm“, genannt. An diesem Arm entlang führt Sie die nächste Route.

Route 4/Finnland – Schweden – Norwegen: Kilpisjärvi – Karesuanto – Jukkasjärvi – Kiruna – Abisko/Björkliden – Bjerkvik/Narvik (475 km)

Diese Route führt Sie durch die finnische Weite sanft bergab bis zum finnisch-schwedischen Grenzübergang in Karesuanto. Durch die bewaldete und ziemlich menschenleere schwedische Weite geht es nach Jukkasjärvi mit seinem berühmten Eishotel. Die nächsten Highlights sind die Aurora Sky Station in Abisko und der See Torneträsk. Das Ende der Route liegt wieder auf Meeresniveau.

Von Kilpisjärvi verläuft die E8 noch am unteren Kilpisjärvi-See entlang und zum höchsten Straßenpunkt Finnlands auf einer Höhe von 565,6 m über dem Meeresspiegel. Im Sommer gibt es hier einen Souvenirshop. Die Straße verläuft nun 100 km immer am Grenzfluss zu Schweden entlang. Die Landschaft ist hügelig und sehr weitläufig. Es ist hier zwar nicht so spektakulär wie in Norwegen mit seinen Fjorden und schroffen Bergen, aber diese Weite und die sanften Fjells haben auch etwas – besonders, wenn die Bäume schneebedeckt sind und die Landschaft in den langen Dämmerungsphasen in Pastellfarben getüncht wird, sodass es wie ein Gemälde aussieht. Unterwegs passieren Sie ein sehr nettes Café mit einem spannenden Souvenirshop. Im finnischen Karesuanto geht es über den Grenzfluss Kaaresuvanto ins schwedische Karesuando. Gleich hinter der Brücke steht auf der linken Seite die protestantische Kirche des Ortes. In beiden Ortschaften finden Sie Tankstellen und Lebensmittelläden. An der Tankstelle im finnischen Karesuanto gibt es einen großen Parkplatz gegenüber der Tankstelle und dem Restaurant, wo Sie die Nacht über stehen können.

☺ Vergessen Sie nicht, nach der Grenzüberquerung die Uhr um eine Stunde zurückzustellen!

Hinter dem Ort geht es wieder durch die endlosen Wälder Nordskandinaviens, nun also auf schwedischem Gebiet. Und auch auf dieser Straße (E45) ist der Verkehr überschaubar. Hinter der Ortschaft Idivuoma passieren Sie 30 km nach Karesuanto den sehr schön an einem See gelegenen Rastplatz Kieppisjärvi mit Hütte mit Feuerholz und Toilette (GPS: N 68°15.9900' E 022°0.5700'). 16 km weiter liegt der genauso schöne Naturrastplatz Ryssäjoki mit Toilettenhäuschen und Unterstellhütte (GPS: N 68°9.4366' E 021°47.3438').

In Övre Soppero finden Sie eine kleine Tankstelle und einen Kiosk. Nach der Überquerung des Flusses Torne älv in der Ortschaft Vittangi kommen Sie an einer Tankstelle mit Gasflaschenverkauf und Supermarkt vorbei. Hinter dem Ort folgt der Rastplatz Suptallen mit modernem Toilettenhäuschen und Möglichkeit zur Grauwasserentleerung (Eimer nötig) (GPS: 67°.6690' E 021°24.4283', ⇧ 296 m).

An der Kreuzung mit der E10 in Svappavaara folgen im Ort (abseits der E10) eine weitere Tankstelle und ein Supermarkt. An der Kreuzung befindet sich auch eine Erzmine des Bergbauunternehmens LKAB. Kurz hinter dem Ort finden Sie die sehr schön gelegene Huskyfarm Husky Tours Lapland.

Husky Tours Lapland, Po Box 45, 980 20 Svappavaara, ☏ +46/(0)70/308 02 23, huskytours@gmail.com, www.huskytours.com, GPS: N 67°40.3649' E 020.56.6826', ⇧ 339 m

Auf der E10 geht es weiter Richtung Kiruna, doch kurz vorher sollten Sie einen Abstecher in den Ort Jukkasjärvi unternehmen.

In dem 200 km vom Polarkreis entfernten Ort am Fluss Torne älv – dem mit 520 km längsten schwedischen Fluss – steht das über die Grenzen hinaus bekannte Icehotel. Es wird aus Eisblöcken aus dem im Winter gefrorenen Fluss gebaut. Unterschiedliche Künstler gestalten aus den den Eisblöcken jedes Jahr die Räume und kreieren Skulpturen. In einer schön beleuchteten Eisbar können Sie Drinks aus Eisgläsern genießen.

ICEHOTEL, Marknadsvägen 63, 98191 Jukkasjärvi, ☏ +46/(0)9 80/668 00, info@icehotel.com, www.icehotel.com. Das Hotel ist täglich von 10:00 bis 18:00 für Führungen geöffnet.

Wenn Sie am Icehotel vorbei bis zum Ende der Straße fahren, sehen Sie vor sich die typisch rot gestrichene Holzkirche des Ortes. Links davon liegt das Nutti Sámi Siida, ein Sámibesucherzentrum. In einer Outdoorführung erfahren Sie Wissenswertes über die Sámi in Schwedisch-Lappland. Eine Rentierfütterung ist ebenfalls Teil der Führung.

⌘ Nuttí Sámi Siida, Marknadsvägen 2, 98191 Jukkasjärvi, info@nutti.se, www.nutti.se, 4.11.-31.3. 10:00-17:00, GPS: N 67°50.8045' E 020°37.1988', ⇧ 322 m

Entlang des Abstechers nach Jukkasjärvi und Nutti Sámi Siida gibt es keinen Campingplatz. Wenn man an der Rezeption des Eishotels fragt, kann man meist auf dem Parkplatz etwas abseits übernachten. Oder Sie fahren wieder zurück Richtung E10. Direkt vor der Brücke über den Torne älv geht es rechts ab zu einem Parkplatz (GPS: N 67°51.3516' E 020°31.5317', ⇧ 322 m, Entleeren der Chemietoilette möglich).

Kiruna ist nun nicht mehr weit entfernt.

Kiruna

ℹ Informationen über Kiruna finden Sie im Internet unter 💻 www.kirunalapland.se.

♦ Kiruna Lappland Turistcenter, Lars Janssonsgatan 17, 98131 Kiruna,
☎ +46/(0)9 80/188 80, ✉ info@kirunalapland.se, 💻 www.kirunalapland.se,
🚪 Mo-Fr 8:30-17:00, Sa 9:00-11:15 und 12:00-15:00, So geschlossen,
GPS: N 67°51.381' E 020°13.5283', ⇧ 533 m

⛺ Es gibt einen ganzjährig geöffneten Campingplatz mit dem nördlichsten beheizten Freibad des Landes (Aurora Spa). Camp Ripan, Campingvägen 5, 98135 Kiruna,
☎ +46/(0)9 80/630 00, ✉ info@ripan.se, 💻 www.ripan.se,
GPS: N 67°51.6217' E 020°14.4181', ⇧ 551 m

⛽ 🛒 Tankstellen und Supermärkte sind natürlich vorhanden.

In Kiruna können Sie Ihre Gasflaschen auffüllen lassen. Gasspecialisten, Lastvägen 44, Kiruna, ☏ +46/(0)73/823 88 77, info@gasspecialisten.se, www.gasspecialisten.se, GPS: N 67°50.7673' E 020°17.0485', Mo-Fr 7:00-16:00

Kiruna ist durch seine Eisenerzmine bekannt. Sie ist die größte unterirdische Eisenerzmine der Welt. Und da immer neue unterirdische Erzadern entdeckt werden, muss die 18.000-Einwohner-Stadt Kiruna der Mine weichen und umziehen, etwa 3 km weiter gen Osten. Das Erz wird per Zug zum eisfreien norwegischen Hafen von Narvik gebracht.

⌘ Die Mine können Sie besichtigen, eine wirklich sehr imposante Angelegenheit. Es geht in das LKAB-Besucherzentrum mit seiner Schaumine und einem Museum. Informationen und Buchungen werden über das Touristenbüro von Kiruna organisiert.

Lohnenswerter Abstecher: Nikkaluokta

Bevor Sie sich nach Abisko am See Torneträsk aufmachen, lohnt sich ein Abstecher nach Nikkaluokta, wohin eine 70 km lange Straße von Kiruna führt. Von dort können Sie zur 19 km entfernten Kebnekaise-Bergstation und weiter zum Berg (z. B. mit Skiern) wandern. Ein Campingplatz ist vorhanden, allerdings erst ab Ende Februar bis Anfang Mai und dann den Sommer über geöffnet (www.nikkaluokta.com, GPS: N 67°51.0421' E 019°0.8224', ⇧ 472 m). Es gibt auch ein Restaurant und eine Sauna. Ein besonderes Erlebnis ist eine Fahrt mit dem Schneemobil zur 100 Jahre alten Bergstation (nur in der Zeit vom 23.2. bis zum 21.4., Buchung unter info@nikkaluokta.com). Und natürlich sind auch gespurte Loipen vorhanden.

Die Bergstation ist von März bis Mai und in den Sommermonaten geöffnet (www.svenskturistforeningen.se, kebnekaise@stfturist.se).

Parallel zu den Schienen der Erzbahn von Kiruna nach Narvik führt die exzellent ausgebaute E10 Richtung Skanden und zur schwedisch-norwegischen Grenze. Bei guter Sicht ist es möglich, die alpinen Gebirgszüge dieser Gebirgskette, die sich vom Nordkap bis zum Skagerrak erstreckt, zu sehen. Der höchste Berg ist der Kebnekaise mit 2.100 m Höhe.

Die E10 führt Sie durch die wenig besiedelte Weite Schwedisch-Lapplands bis zum See Torneträsk. Lag Kiruna noch auf einer Höhe von 520 m, liegt der Torneträsk nun nur noch auf 341 m Höhe.

21 km hinter Kiruna befindet sich der sehr schöne Rautas-Naturrastplatz mit Trockentoilettenhäuschen (GPS: N 67°59.4527' E 019°55.3187', ⇧ 460 m) am Fluss Östra Rautasälven. Es gibt einen vorderen Platz recht dicht an der Straße und einen hinteren, größeren Bereich.

1,5 km weiter folgt auf der linken Seite noch ein großer Parkplatz. Er liegt allerdings dicht an den Schienen der „Malmbanan", der Erzbahn.

Ein weiterer Rastplatz befindet sich in Bergfors (GPS: N 68°9.2234' E 019°46.5826', ⇧ 474 m). Ein einfaches Toilettenhäuschen und Feuerstellen für ein Wintergrillen sind vorhanden.

Sie nähern sich nun mehr und mehr den Bergen der Skanden. Während entlang der Straße noch niedrige Birken wachsen, ragen die Berggipfel locker über die Baumgrenze hinaus.

Im Ort Torneträsk liegen drei Parkplätze rechts und links der Straße, wobei sich die beiden Plätze auf der linken Seite etwas weiter von der Hauptstraße entfernt hinter Bäumen befinden.

Die E10 verläuft jetzt im Bereich des Sees Torneträsk. Über 50 km wird er Sie begleiten, allerdings ist er nicht immer von der Straße aus zu sehen. Es folgen in guten Abständen immer wieder Rastplätze. Zwei von ihnen möchte ich hervorheben, da man von ihnen sehr gut zum Beobachten des Nordlichts auf den See gelangt und sie Servicehäuschen haben.

Der Rastplatz mit dem besten ganzjährig geöffneten und beheizten Toilettenhäuschen ist der Bessijåkka-Rastplatz. Ihn finden Sie knapp 20 km vor der STF Abisko Turiststation (GPS: N 68°18.1823' E 019°13.8554' ⇧ 352 m). Er hat einen recht guten Zugang zum See Torneträsk. Der zweite besonders empfehlenswerte Parkplatz liegt weiter nördlich (☞ unten).

Bevor Sie die Turiststation von Abisko erreichen, gelangen Sie noch in den Ort Abisko. Er grenzt an den Abisko-Nationalpark

Abisko

Es gibt einen Supermarkt und eine kleine Tankstelle.

Spannend ist, dass Abisko der Ort mit der geringsten Niederschlagsmenge Schwedens ist, während der 35 km entfernte Ort Riksgränsen an der schwedisch-norwegischen Grenze mit einer Niederschlagsmenge von 1.200 mm zu einem der niederschlagsreichsten Orte zählt. Die Berge bei Abisko halten die Wolken fern, was ihn auch zu dem sonnenreichsten Punkt Schwedens macht. Da ist es kein Wunder, dass sich der Ort auch besonders gut zur Nordlichtbeobachtung eignet, zumal er auch im Polarlichtoval zwischen dem 65. und 72. Breitengrad liegt.

2 km weiter, nun im Abisko-Nationalpark, liegt die STF Abisko Turiststation, eine Unterkunft u. a. für Wanderer, die den berühmten Wanderweg Kungsleden gehen wollen (sommers wie winters), dessen nördlichster Punkt hier liegt. Im Winter ist es hier aber auch voll von Nordlichtfans. Es ist der schwedische Nordlichtbeobachtungsplatz schlechthin. In der Nähe liegt der 1.169 m hohe Nuolja.

Da die Abisko Turiststation innerhalb der Grenzen des Nationalparks liegt, dürfen hier keine Wohnmobile über Nacht stehen.

Ein Sessellift führt bis zur 900 m hoch gelegenen Bergstation, der Aurora Sky Station. In der STF Abisko Turiststation können Sie den Nachtbesuch der Aurora Sky Station buchen. Kümmern Sie sich rechtzeitig darum, da dies sehr gefragt ist und es eine limitierte Anzahl an Besuchern pro Nacht gibt! Am Sessellift erhalten Sie warme Overalls und Schuhe.

♦ www.auroraskystation.se, Buchungen: bokningen@stfturist.se, +46/(0)10/190 23 60, geöffnet von ca. Mitte November bis Mitte März

Live-Aufnahmen gibt es unter https://auroraskystation.se/en/live-cam/ oder www.lightsoverlapland.com/aurora-webcam/.

Lights over Lapland bieten auch Aurora-Fotoexkursionen an Kontakt unter info@lightsoverlapland.com oder +46/(0)9 80/33 08 92.

Auf dem Gelände der Abisko Turiststation liegt auch das Naturum Abisko, ein Besucherzentrum, das über den Abisko-Nationalpark informiert.

♦ www.sverigesnationalparker.se. Die Öffnungszeiten im Winter werden häufig nur an der Eingangstür bekanntgegeben.

Auf einigen Pisten kann hier Ski gefahren werden. Gleich neben der Turiststation liegt der Abisko Canyon, der von dem durch ihn durchfließenden Abiskojåkka geformt wurde. Das Eisklettern an dem im Winter gefrorenen Wasserfall am Eingang des Canyons ist eine tolle Sache.

Von Abisko führt die E10 unterhalb des Nuolja vorbei ins 10 km entfernte Björkliden.

Björkliden

Lapland Resort, Björkliden, +46/(0)9 80/641 00, reservations@laplandsresorts.se, www.bjorkliden.com, GPS: N 68°24.3569‘ E 018°41.0142‘

Es gibt einen Lebensmittelladen im Ort.
Live-Cam: http://webcam-bjorkis.laplandresorts.se:6002/view/view.shtml

In Björkliden geht es links ab bergauf zum Lapland Resort, einem Bahnhof, einem Lebensmittelladen und weiteren Unterkünften. Der ganzjährig geöffnete Campingplatz Fjällby Camping (gehört zum Lapland Resort) liegt auf einer Höhe von 430 m. Die Rezeption befindet sich noch etwas weiter oben im Hotel Fjället. Die Lage des Hotels ist spektakulär, von der Lounge und dem Restaurant aus hat man einen genialen Blick auf den Torneträsk, Lapporten und den Nuolja. Lapporten ist eine sehr markante Felsformation, die wie ein Tor geformt ist. Auf den angrenzenden Skipisten und -loipen können Sie sich in dieser sagenhaften Natur austoben. Auch Hundeschlittentouren werden angeboten.

☺ Abisko und Björkliden sind Orte, in denen es sich lohnt, etwas länger zu bleiben. Zudem bekommen Sie hier alles Notwendige. Sie sollten also etwas mehr Zeit einplanen.

Rentierherde zwischen Björkliden und Riksgränsen

Blick über den Campingplatz von Björkliden

Kurz hinter dem Abzweig nach Björkliden liegt am See Torneträsk der Tornehamn-Parkplatz mit Toilettenhäuschen (GPS: N 68°25.9186' E 018°40.2694', ⇧ 344 m). Das ist der zweite Parkplatz, den ich am See Torneträsk besonders hervorheben möchte.

Von hier können Sie exzellent auf den zugefrorenen See gehen und das Nordlicht beobachten und fotografieren.

Die Schienen der Malmbanan verlaufen an den Hängen der immer dichter an den See heranrückenden Berge entlang und führen immer wieder durch Tunnel. Sie hören die Züge vor den Tunneldurchfahrten stets tuten, um u. a. Elche und Rentiere zu vertreiben.

Von Björkliden geht es weiter durch die Weite Schwedisch-Lapplands leicht bergauf nach Riksgränsen auf einer Höhe von 520 m. In diesem Skigebiet herrscht etwas mehr Trubel als in Abisko oder Björkliden. Die Skisaison beginnt hier Mitte Februar und endet Mitte Juni zum Mitsommerfest (Midsommar), wenn die Sonne nicht mehr untergeht. Besonders beliebt ist der Ort bei Schneemobilfahrern, die mit ihren Gefährten über das Eis des angrenzenden Vassijaure rauschen. Der Supermarkt im Ort ist seit Kiruna der bestbestückte, denn auch Norweger kommen hierher, um günstiger einzukaufen.

Rechnen Sie bei der Einreise nach Norwegen mit einer Kontrolle, denn Norwegen gehört nicht zur EU.

Die Straße führt noch ein Stück wellig auf und ab und schlängelt sich durch eine alpine Landschaft mit immer wieder sehr schönen Aussichten. Es liegen hinter der Grenze entlang der Straße einige Parkplätze, die meist voll mit Autos sind. Die Menschen haben entweder eine Hütte hier oben auf dem Bjørnfjell oder schnallen sich ihre Langlaufskier unter und verabschieden sich für einen Ausflug in die Berge.

Die Fahrt von der Grenze bis zum Rombaksfjord auf Meereshöhe ist knapp 30 km lang. Stellenweise ist die Strecke recht steil, sie ist aber problemlos befahrbar, da die internationale Straße sehr gut geräumt wird. Unten angekommen können Sie wählen, ob Sie ins 14 km entfernte Narvik oder ins 15 km entfernte Bjerkvik fahren. In beiden Städten gibt es keinen Campingplatz, aber wenn Sie auf der E10 aus Bjerkvik Richtung Harstad fahren, kommt nach 3 km vor dem Bakkejordtunnel ein größerer Parkplatz mit Infotafel zur „Battle of Narvik 1940" (GPS: N 68°31.8420' E 017°26.9872', ⇧ 137 m). Ein Toilettenhäuschen ist vorhanden. Der Blick über den Ofotfjord ist sehr schön!

Route 5/Norwegen: Tromsø – Senja (Finnsnes – Botnhamn – Gryllefjord – Finnsnes) – Bjerkvik (445 km)

Diese Route beschreibt die Verbindung von Tromsø nach Bjerkvik mit einem Abstecher auf Norwegens zweitgrößte Insel Senja. Und diesen Abstecher sollten Sie unbedingt unternehmen, da Sie hier entlang eines „Nasjonale Turistvegen", einer Landschaftsroute, durch eine spektakuläre, wilde und dramatische Fjordlandschaft fahren. Ansonsten verläuft die E6 zwischen Nordkjosbotn und Bjerkvik 145 km nicht am Wasser entlang. Ein Highlight entlang dieser Route ist – neben Senja – der Polar Park bei Bardu. Tankstellen gibt es einige an der Strecke, auch eine LPG-Station liegt direkt an der E6, eine weitere etwas abseits.

Tromsø

ℹ Touristinfo, Samuel Arnesens gate 5, 9008 Tromsø, ☎ +47/77 61 00 00, ✉ booking@visittromso.no, 💻 www.visittromso.no, 🚪 im Winter tägl. 9:00-16:00

⛺ Tromsø Lodge & Camping, Arthur Arntzens veg 10, 9020 Tromsdalen, ☎ +47/77 63 80 37, ✉ post@tromsocamping.no, 💻 www.tromsolodgeandcamping.no, GPS: N 69°38.8574' E 019°0.7228'. Es ist ratsam, vorher einen Platz zu reservieren, da das Wintercamping immer beliebter wird und Tromsø einer der Nordlichthotspots in Norwegen ist.

🔥 LPG Tromsø, Skattørvegen 40, 9018 Tromsø, ☎ +47/46 87 90 00, GPS: N 69°41.6802' E 019°0.7789'. 🚪 Die Station hat im Winter meist nur vormittags geöffnet. Wenn niemand vor Ort ist, wählen Sie die Telefonnummer, die an der Tür hängt. Es kommt dann jemand vorbei.

Ein Besuch Nordnorwegens, ohne in Tromsø gewesen zu sein, ist einfach nicht komplett. Die Stadt mit ihrer spektakulären Lage und dem traumhaften Umland ist meiner Meinung nach ein absolutes Muss!

Tromsø von oben. Blick von der Fjellstation der Fjellheisen-Seibahn

Das Gute für Wohnmobilfahrer ist, dass die Stadt einen ganzjährig geöffneten Campingplatz hat. Dieser liegt auch noch recht günstig, sodass Sie viele der Sehenswürdigkeiten von hier aus zu Fuß erreichen können. Und an Sehenswürdigkeiten hat die Stadt einiges zu bieten. Sie erreichen den Campingplatz, wenn Sie (auf der E8 von Nordkjosbotn kommend) am ersten Kreisel die zweite Ausfahrt nehmen, unter der Tromsøbrücke hindurchfahren und dann in die vierte Straße rechts abbiegen. Der Campingplatz liegt auf der linken Seite.

Die Insel, auf der der Großteil Tromsøs liegt, ist sehr bergig, darum hat man den Autoverkehr unter die Stadt gelegt. Durch ein Tunnelsystem gelangt man auf die Insel und auf die andere Seite.

Spaziergang durch Tromsø

Vom Campingplatz aus können Sie die Bergstation der Fjellheisen-Seilbahn sehen, eine der Attraktionen Tromsøs. Auf dem Fußweg dorthin passieren Sie das Wahrzeichen der Stadt, die Ishavskatedralen. Sie wurde von dem Architekten Jan Inge Hovig entworfen und im November 1965 eingeweiht. Durch ihre etwas erhöhte Lage ist die aus elf mit Aluminium verkleideten Betonpanelen gestaltete Kirche schon von Weitem zu sehen. Die dreieckige Form erinnert an Eisberge, daher auch der Name Eismeerkathedrale.

✝ Eismeerkathedrale, Hans Nilsens vei 41, 9020 Tromsdalen, ☏ +47/41 00 84 70, booking@ishavskatedralen.no, www.ishavskatedralen.no, Mo-So 14:00-18:00

An der Kirche vorbei geht es etwas bergauf zum Solliveien 12, der Talstation der Fjellheisen-Seilbahn. In vier Minuten bringt Sie die Gondel die 752 m lange Strecke hinauf auf 421 m Höhe zur Bergstation. Von der Aussichtsplattform können Sie sehen, wie faszinierend die Stadt gelegen und wie spektakulär die Bergwelt ringsherum ist. Die Aussicht können Sie auch vom warmen Fjellstua-Café genießen.

Talstation: Solliveien 12, 9020 Tromsdalen, ☏ +47/92 61 78 37, booking@fjellheisen.no, www.fjellheisen.no. Im Winter fährt die Gondel in der Zeit vom 1.8. bis zum 31.5. von 10:00 bis 23:00, Abfahrt alle halbe Stunde.

Wem das Hinauffahren zu bequem ist, der kann alternativ über die Sherpatreppe zur Bergstation hinaufwandern. Erfahrene Sherpas aus Nepal haben etwa 1.300 Stufen in den Hang gebaut, daher der Name. Seit 2018 existiert die Treppe. Wenn Sie eine Straße vor der Fjellstation links in den Fjellvegen abbiegen, gelangen Sie direkt zur „Sherpa trapp". Im Winter müssen Sie natürlich auf vereiste Stufen achten.

Ein Spaziergang führt Sie nach der Seilbahnfahrt wieder vorbei an der Ishavskatedralen über die 1.016 m lange und 47 m

Die Inseln Sommarøya und Hillesøya bieten ausgesprochen schöne Aussichtspunkte für die Nordlichtbeobachtung. Aber auch so kann man es hier länger aushalten. Vor der Brücke nach Hillesøya liegt an einem großen Parkplatz der „Havfrua Kro", ein Grill. Einen Lebensmittelladen gibt es auch in Sommarøy und wer Lust auf einen gepflegten Kaffee oder ein Kaltgetränk am Abend hat, der kann gut im Sommarøy Arctic Hotel sitzen. Im nahe gelegenen Brensholmen finden Sie einen etwas größeren Supermarkt.

Von Brensholmen pendelt eine Fähre hinüber nach Botnhamn auf der Insel Senja, einem weiteren Ziel dieses Routenvorschlags – leider aber nur im Sommer. Die Fährfahrt würde Ihnen eine Strecke von 270 km ersparen. Man sagte mir allerdings, dass man überlegt, die Verbindung vielleicht auch im Winter anzubieten, denn der Tourismus nimmt auch in dieser Jahreszeit mehr und mehr zu.

Bisher müssen Sie also wieder zurück nach Tromsø, um weiter auf der E8 nach Nordkjosbotn und von dort auf der E6 Richtung Süden zu fahren.

Wenn Sie auf der 862 zurück nach Tromsø fahren, lohnt sich ein Abstecher hinter dem Kattfjordtal am Kaldfjord links nach Ersfjordbotn mit dem schmalen Ersfjord, umgeben von einer sagenhaften Bergkulisse. Und folgen Sie der Straße doch noch weiter bis ans Ende nach Tromvik. Landschaftlich ein sehr reizvoller Abstecher.

Auf dem Weg von Tromsø nach Nordkjosbotn möchte ich Ihnen noch einen kleinen Abstecher in die Lyngenalps vorschlagen. Die Straße führt durch die Einsamkeit zu einer Huskyfarm, die in dieser landschaftlich traumhaften Region sehr schöne Ausflüge anbieten.

Northern Light Dog Adventure, Lakselvdalvegen 375, Nordkjosbotn, 9040 Tromsø, ☏ +47/93 02 38 19, www.northernlightdogadventure.com, GPS: N 69°22.6385' E 019°36.7051'

Verlassen Sie dafür die E8 bei Laksvatn auf die Fv293 Richtung Lakselvbukt und fahren Sie 19 km auf dieser landschaftlich wunderschönen Straße zur Huskyfarm. Alternativ bleiben Sie noch 12 km weiter auf der E8, nehmen die nächste Ausfahrt Richtung Jøvik und fahren die 15 km durch das traumhafte Tal bis zur Farm.

Von Nordkjosbotn an der Kreuzung E8/E6 bis nach Finnsnes verläuft die Straße nicht mehr am Meer entlang. Eine Tankstelle mit großem Parkplatz folgt 13 km hinter Nordkjosbotn. Die Straße ist gut ausgebaut und an Steigungen wird sie zweispurig. Der große Parkplatz von Heia (mit Toilettenhäuschen), 28 km hinter Nordkjosbotn, ist im Sommer gut mit Souvenirständen bestückt, im Winter ist es hier leer. Er befindet sich auf einer Höhe von 234 m.

Wenn die Straße schon nicht am Meer entlang verläuft, geht es doch immer wieder mal an Seen vorbei. Dann haben Sie oft eine freie Sicht auf die Bergwelt ringsherum. Der nächste Rastplatz folgt 50 km hinter Nordkjosbotn vor der Brücke über den Fluss Målselva in Olsborg. Am Ortsausgang können Sie an der Tankstelle auf der 855 Richtung Finnsnes und Senja rechts abbiegen. Wenn Sie Ihre Gasflaschen auffüllen lassen möchten, fahren Sie noch 10 km weiter auf der E6 bis Bardufoss, denn dort gibt es eine LPG-Station.

LPG Bardufoss, Industrieveien 23, 9325 Bardufoss, ☏ +47/77 83 08 00, bardufoss@st.yx.no, 6:00-22:00, GPS: N 69°5.6206‘ E 018°35.5992‘.
Nehmen Sie am Kreisverkehr die dritte Ausfahrt. An der YX-Tankstelle direkt am Kreisel finden Sie die LPG-Station.

Fahren Sie auf der E6 weiter. Nach zwei weiteren Kreisverkehren biegen Sie an der ersten Ausfahrt Richtung Senja/Sørreisa ab. An dem gleich darauf folgenden Kreisel geht es an der zweiten Ausfahrt auf der 86 weiter Richtung Senja. Bis Finnsnes sind es noch 41 km. In Sørreisa erreichen Sie wieder das Meer, an dessen Küste die 86 bis nach Finnsnes führt. In Finnfjordbotn geht es rechts zu einem ganzjährig geöffneten Campingplatz ab.

Finnsnes Motell & Camping, Kirkegårdsveien 2, 9305 Finnsnes, ☏ +47/77 84 54 65, post@finnsnesmotell.com, www.finnsnesmotell.com, GPS: N 69°14.3794' E 018° 7.4237'

In Finnsnes können Sie wieder ausgiebig shoppen. Ansonsten gibt es keine besonderen Sehenswürdigkeiten in der 4.600-Einwohner-Stadt. Sie wird als „Tor zur Insel Senja“ bezeichnet, denn von der Stadt aus gelangen Sie über die einzige Brücke, die 1.147 m lange Gisundbrua (Gisundbrücke), auf die Insel. Wenn Sie am Ende der Meierigata schräg geradeaus in den Ringveien fahren, kommen Sie zu einer Ver- und Entsorgungsstation samt Wohnmobilstellplatz (GPS: N 69°13.6380‘ E 017°58.6860‘).

Senja

ℹ Informationen über Senja finden Sie auf 💻 www.visitsenja.no.

Die Insel hat ihren Besuchern landschaftlich viel zu bieten. Das ist auch der Grund, weshalb der norwegische Staat auf Senja einen der nationalen Touristenwege (Nasjonale turistveger) mit architektonisch sehr schönen Rastplätzen angelegt hat. Er verläuft zwischen den beiden Fährhäfen Botnhamn und Gryllefjord und erstreckt sich über 102 km.

♦ Informationen finden Sie unter 💻 www.nasjonaleturistveger.no/de/routen/senja.

Ich bin gegen den Uhrzeigersinn um die Insel herumgefahren, hinter der Brücke also rechts auf die 861 Richtung Botnhamn. Die Strecke ist recht kurvig und führt viel am Meer entlang. Sie ist noch nicht so spektakulär, da die Berge ringsherum nicht sehr hoch sind. Nach 40 km erreichen Sie einen ganzjährig geöffneten Campingplatz in Fjordbotn am Ende des Stønnesbotn.

⛺ Fjordbotn Camping, Stønnesbotn, 9373 Botnhamn, ☏ +47/77 84 93 10, ✉ post@fjordbotn.no, 💻 www.fjordbotn.no, GPS: N 69°26.9503' E 017°52.9392'

Am gegenüberliegenden Ufer liegt an der Fjordöffnung Botnhamn, einer der Endpunkte der Landschaftsroute. Am Fähranleger kann man mit dem Wohnmobil gut stehen, ein Toilettenhäuschen und Frischwasser sind vorhanden, Stromanschluss ist möglich (GPS: N 69°30.5073' E 017°54.5070'). Einen Lebensmittelladen gibt es ebenfalls.

Lohnender Abstecher: Die Insel Husøy

Auf halber Strecke vom Ende des Fjords nach Botnhamn ist ein Abstecher nach Husøy möglich. Es geht auf einer schmalen Straße und durch zwei Tunnel bis auf 245 m hinauf, um dann in Serpentinen wieder auf Meereshöhe zurückzukehren. Die Straße führt unterhalb fast 800 m hoher, steiler Felswände zur Insel Husøy im Øyfjord. Kurz nach der Ausfahrt aus dem zweiten Tunnel haben Sie von der obersten Serpentine einen sagenhaften Blick auf die Insel, die Sie über einen Damm erreichen können, und den Fjord mit seinem wundervollen, verschneiten Bergpanorama. Am Hafen vor dem Damm gibt es einen Wohnmobilstellplatz, den Sie gegen eine Gebühr nutzen können. Frischwasser kann man nachfüllen und Stromanschlüsse sind vorhanden (GPS: N 69°32.7139' E 017°40.2493'). In dem kleinen Lebensmittelladen auf der Insel lohnt sich ein Blick in die Frischetheke: Der Fisch wird hier frisch vor Ort ausgenommen und angeboten. Ein toller Abstecher.

Insel Senja

Wieder an der Kreuzung am Ende des Stønnesbotn angekommen, fahren Sie durch ein schmaler werdendes Tal leicht bergauf. An der Passhöhe auf 130 m Höhe blicken Sie über den Mefjord mit seinem sagenhaften Bergpanorama und auf den 1.001 m hohen Breidtinden direkt voraus.

Lohnender Abstecher: Der Ort Fjordgård mit dem Berg Segla

Kurz vor der kleinen Passhöhe führt eine Straße rechts nach Fjordgård am Westufer des Ørnfjords, einem schmalen Seitenarm des Øyfjords. 5 km sind es bis dorthin, wobei Sie die meiste Zeit durch Tunnel fahren, um in den Ort zu gelangen.

Im Ort beginnt ein Wanderweg zu einem der spektakulärsten Berge der Insel, dem 639 m hohen Segla. Er hat die Form eines Segels und fällt an seiner Westseite fast 500 m senkrecht zum Mefjord ab. Informationen über die Wanderung finden Sie unter 💻 https://outtt.com/en/adventures/2942/segla. Je nachdem, wie viel Schnee gefallen ist, sind Schneeschuhe für den Aufstieg ratsam.

Am Ende des kleinen Ortes Fjordgård hat die Kommune einen Wohnmobilstellplatz mit Toilettenhäuschen angelegt (GPS: N 69°30.9345' E 017°37.7155'). Gegen eine freiwillige Spende, die man in eine Box steckt, darf man hier stehen. Die Aussicht ist atemberaubend, vielleicht sogar mit Nordlicht in der Nacht. Eine Bitte: Entsorgen Sie Ihren Müll nicht im Toilettenhäuschen, sondern im großen Müllcontainer!

Auf der Fahrt entlang des Mefjords durchfahren Sie drei Tunnel, denn auch hier ragen steile Berghänge bis ans Wasser heran. Der Blick von der gegenüberliegenden Fjordseite auf den Segla und die gesamte Bergkette ist überwältigend.

Es folgt eine kleine, sehr geschützte Bucht (Hopsvatnet), die von Bergen eingerahmt ist und an der die Ortschaft Senjahopen liegt. In dem Ort gibt es eine Tankstelle und einen Lebensmittelladen. Es wurde ein neuer Wohnmobilstellplatz mit kompletter Entsorgungsstation angelegt (GPS: N 69°29.2860' E 0 7°29.1480'), es ist aber nicht der schönste Stellplatz.

Wenn Sie durch den Ort weiter bis ans Ende der Straße nach Mefjordvær fahren, können Sie dort vor der Mole am Hafen gut stehen (GPS: N 69°31.2562' E 017°26.3518'). Eine tolle Aussicht haben Sie, wenn Sie dort auf den Hügel am Ende des Ortes klettern. Dieser Platz ist auch für das Beobachten des Nordlichts gut geeignet.

Den Bergkessel um Senjahopen können Sie zur Weiterfahrt nur über den 2,2 km langen Geitskartunnel verlassen. Nach der Tunneldurchfahrt weitet sich die Landschaft und führt Sie zum Ersfjordstrand mit Parkplatz und schickem dreieckigen und golden glänzenden Servicehaus, das im Winter geschlossen ist (GPS: N 69°28.7320' E 017°23.6925'). Der Ausblick vom langen Sandstrand auf das zerklüftete Bergpanorama ist einmalig schön, ein Spaziergang am Strand absolut lohnend!

Die Straße verläuft um eine Landzunge herum zum schön gestalteten Tungeneset-Rastplatz am Wasser (GPS: N 69°29.2225' E 017°19.980'). Über einen Holzsteg gelangen Sie auf kahle Felsen, die vom Wasser glatt geschliffen wurden. Achten Sie auf vereiste Stellen, wenn Sie vom Steg heruntersteigen. Der Ausblick auf den Okshornan-Gebirgszug, an dessen Ende die über 500 m hohen Berge spitz nach oben zulaufen, ist atemberaubend. Wegen seiner gezackten Form wird er auch „Gebiss des Teufels" genannt. In die andere Richtung blicken Sie über den schmalen Steinfjord auf die Berge des Husfjellet. Der Rastplatz mit dieser spektakulären Aussicht lädt absolut zum Verweilen ein, auch um nachts das Nordlicht zu beobachten.

Dieser Kontrast macht Senja aus: An den offenen, ungeschützten Stellen ist das Meer rau und hohe Wellen schlagen an die spektakuläre Küste, die geschützten Fjorde und Buchten liegen samtweich zwischen den schroffen Bergen, die sich bei Windstille in ihnen spiegeln.

Die Straße führt zum Ende des Steinfjorden in den gleichnamigen Ort. Hier gibt es einen schönen Parkplatz am Wasser (GPS: N 69°27.3974' E 017°20.8769'). Und die Aussicht ist auch wieder herrlich.

Blick von der Bergsbotn Aussichtsplattform über die Bergsbotn-Bucht

Den Fjord verlassen Sie durch den 1.265 m langen Steinfjordtunnel, um direkt zum nächsten Fjord, dem Nordfjord, zu gelangen, der im Bergsbotn endet. Das Bergpanorama ist wieder sensationell, besonders am Ende des Fjords. Die Straße führt dort in Kehren bergauf zu einer wunderbaren Aussichtsplattform auf einer Höhe von 120 m, von der man den Bergsbotn samt Bergkulisse überblickt (Bergsbotn utsiktsplattform, GPS: N 69°25.3736' E 017°30.2622'). Einfach nur schön! Und im Winter bekommen Sie hier auch noch einen Parkplatz auf der kleinen Stellfläche.

Bei einem meiner Besuche auf Senja konnte ich nicht an der Aussichtsplattform halten, da die Straße so vereist war, dass ich von dem Parkplatz nicht mehr weggekommen wäre. Ich musste den Schwung von unten kommend weiter nutzen, um die Steigung bis hoch zum Tunnel zu bewältigen. Immer wieder drehten die Räder auf der vereisten Straße durch, aber schließlich habe ich es bis zum Tunnel geschafft.

Die Straße führt hinauf auf 284 m in einen Bergkessel mit Bergen zwischen 700 und fast 1.000 m Höhe und einem Bergsee. Es geht durch den 1.890 m langen Skalandtunnel durch den Berg weiter bergauf. Danach führt die Straße angenehm bergab bis zur Kreuzung mit der Straße 86 am Straumsbotn. Bis Gryllefjord sind es noch 22 km. Zurück nach Finnsnes sind es auf der 86 knapp 40 km.

Die Straße Richtung Gryllefjord verläuft recht flach am Straumsbotn entlang, überquert diesen über eine kleine Brücke und führt weiter an der Küste entlang bis nach Hamn. In einer geschützten Bucht liegt ein sehr schönes Feriendorf, das Hamn i Senja (💻 www.hamnisenja.no). Bis 2018 konnte man hier auch noch auf einem einfachen Stellplatz mit dem Wohnmobil nächtigen, doch die Fläche will man nun lieber mit Hütten bebauen. Es werden dort schöne Fjordtouren mit dem Boot angeboten, um z. B. Robben und Seeadler zu beobachten. Bis etwa 2017 tummelten sich hier auch Wale in der Bucht, doch diese sind jetzt weiter nördlich anzutreffen (☞ S. 115). Bis Gryllefjord geht es noch etwas am Wasser entlang, über flaches Gelände und durch einen Tunnel zum schmalen, lang gezogenen Gryllefjord, den Sie über eine Brücke überqueren. Im Ort gibt es einen Lebensmittelladen mit größerem Parkplatz, auf dem man geschützt stehen kann.

Die 86 zurück Richtung Finnsnes verläuft stellenweise schnurgerade durch das Svanelvdalen mit schönen Ausblicken auf die Bergwelt ringsherum.

📷 Wenn Sie auf Senja einen Fotoworkshop oder eine geführte Tour zu den schönsten Nordlichtspots unternehmen möchten, bietet dazu Aurora Borealis Observatory einiges an, was Sie vielleicht interessieren könnte. Biegen Sie kurz vor Finnsnes von der 86 rechts auf die 860 Richtung Vangsvik ab.

♦ Aurora Borealis Observatory, Johnsgård, Silsand, Troms 9303, ☎ +47/97 03 23 00, ✉ info@auroraborealisobservatory.com, 💻 www.auroraborealisobservatory.com, GPS: N 69°13.2671' E 017°48.9310'

In Finnsnes können Sie wieder auftanken. Wenn Sie wieder in Sørreisa sind und Ihren Gasvorrat auffüllen wollen, können Sie entweder auf der 86 wieder nach Bardufoss fahren oder in Sørreisa auf die 84 abbiegen und ab Skøelva über die Fv211 20 km nach Brøstadbotn zur LPG-Station fahren.

🔥 LPG Brøstadbotn, Moan Auto & Kjøleservice, Espenesveien 75, 9311 Brøstadbotn, ☎ +47/77 18 82 28, 🚪 Mo-Fr 8:00-21:00, Sa 14:00-21:00, So 14:00-21:00, GPS: N 69°5.6027' E 017°42.1921', an der YX-Tankstelle

Von Bardufoss sind es dann auf der E6 noch 90 km bis zum Ziel in Bjerkvik. Das Meer sehen Sie erst dort wieder. Die Straße ist sehr gut zu fahren. Sie verläuft durch das Tal des Barduelv. Kurz vor der Ortschaft Setermoen geht es links zu einem ganzjährig geöffneten Campingplatz – ein sehr guter Stopp, um am nächsten Morgen zum 26 km entfernten, wunderschönen Polar Park zu fahren.

△ Bardu Camping & Turistsenter, Idrettsveien 2, 9360 Bardu, ☏ +47/77 61 23 00, haukland@live.no, www.barducamping.no, GPS: N 68°52.5785' E 018°21.6360', ⇧ 70 m

Moschusochsen im Polar Park

Im Polar Park können Sie in großzügigen Gehegen die großen Tiere der arktischen Region sehen. Die Rentiere laufen in einigen Teilen des Parks frei umher. Es ist auch möglich, zu den Wölfen ins Gehege zu gehen. Melden Sie sich am besten vorher auf der Internetseite an. Ich war in dem Wolfsgehege, als die fünf Jungtiere knapp ein Jahr alt waren. Es war ein wirklich tolles Erlebnis, von den Tieren begrüßt und dann als Mitglied des Rudels anerkannt zu werden.

♦ Polar Park, Bonesveien 319, 9360 Bardu, ☏ +47/48 24 00 00, post@polarpark.no, www.polarpark.no, tägl. 10:00-15:30, 24.12., 25.12., 31.12., 1.1. und 17.5. geschlossen. Sa und So finden um 13:00 geführte Touren zu den Raubtieren statt. GPS: N 68°41.4969' E 018°6.6499', ⇧ 179 m. Es ist der nördlichste Tierpark der Welt. Für mich ein absolutes Muss!

Hinter dem Polar Park führt die E6 hoch ins Gebirge (immerhin 420 m) in eine wundervolle Winterlandschaft. Die höchsten Berge entlang der Straße sind über 1.400 m hoch. Und es gibt hier oben einen Campingplatz.

△ Lapphaugen Turiststasjon, General Fleischers Vei 365, Fossbakken, 9357 Tennevoll, ☏ +47/77 17 71 27, postmaster@lapphaugen.no, www.lapphaugen.no, GPS: N 68°40.7180' E 017°54.9250', ⇧ 346 m, bitte vorher per Mail anmelden

Nach Bjerkvik am Herjangsfjord geht es dann teilweise in Serpentinen hinunter. Sie finden im Ort Tankstellen und Lebensmitelläden, auch Gasflaschen können gekauft werden.

Route 6/Norwegen: Bjerkvik – Andenes – Bleik – Sortland –Melbu/Gullesfjord – Svolvær – Å i Lofoten (580 km/605 km)

Dies ist eine der spektakulären Routen, für die Sie sich viel Zeit nehmen sollten, denn es gibt viel zu erleben und zu sehen! Beeindruckend ist z. B. eine Walsafari von Andenes an der Nordspitze der Vesterålen aus. Über die beiden Inselgruppen Vesterålen und Lofoten führt jeweils eine Landschaftsroute, die Sie an landschaftlich herausragende Orte führt. In Svolvær auf den Lofoten gibt es eine LPG-Station zum Nachfüllen der Gasflaschen. Ganzjährig geöffnete Campingplätze finden Sie gut über die beiden Inselgruppen verteilt.

ℹ Informationen zu den Lofoten finden Sie auf 💻 www.lofoten.info.

♦ Informationen zu den Vesterålen erhalten Sie unter: 💻 www.visitvesteralen.com und www.visitandoy.info.

Ein sehr guter Platz zum Beobachten des Nordlichts auf dieser Route: Parkplatz Kleivodden zwischen Andenes und Bleik

Die ersten 60 km geht es recht flach und wenig am Wasser entlang bis zur Tjeldsundbrücke. Hier verlassen Sie das norwegische Festland und gelangen auf die größte küstennahe Insel Norwegens, Hinnøya (nur die Inselgruppe Spitzbergen ist größer). Die Brücke ist 1.007 m lang und führt über den Tjeldsund.

Nach der Brückenüberquerung geht es am Kreisel weiter auf der E10 Richtung Å i Lofoten (links). 50 km kurven Sie jetzt an Fjorden entlang und um sie herum. Die Ausblicke auf die schneebedeckten Berge, die an die 1.000 m Höhe heranreichen, sind immer wieder mal einen Stopp wert. Am Kreisel kurz vor Lødingen folgt ein kjettingsplass, ein Platz zum Anlegen der Schneeketten, denn am Kreisel führt die E10 über einen Bergrücken hinüber zum nächsten Fjord, dem Innerfjord. Es geht nicht sehr hoch hinauf, „nur" auf 166 m, aber die Strecke ist recht steil und kurvig. Ich bin mit normalen Winterreifen mehrmals gut über den Pass gekommen. Die Straße war vereist, aber stellenweise wurde Sand gestreut.

Die Straße führt bis zum Ende des Fjords, dem Kanstadbotn, und weiter durch das Austerdalen zur nächsten größeren Straßenkreuzung. Geradeaus durch den Kreisel geht es auf der 85 Richtung Sortland. (An der dritten Ausfahrt ginge es weiter durch das Sørdalen Richtung Å.) 2 km hinter dem Kreisverkehr liegt strategisch sehr günstig ein ganzjährig geöffneter Campingplatz am Gullesfjordbotn.

⛺ Gullesfjord Camping, Våtvoll, 8400 Gullesfjord, ☏ +47/95 06 34 96, ✉ post@gullesfjordcamping.no, 💻 www.gullesfjordcamping.no, GPS: N 68°31.9220' E 015°43.6482'. Mir zeigte der Besitzer stolz Fotos von Orcas, die bis hier ans Ende des Gullesfjord geschwommen sind.

Die Straße folgt dem schmalen Fjord einige Kilometer und bietet wieder wunderbare Aussichten. Nach der Durchfahrung des 2,2 km langen Sigerfjordtunnels und der Weiterfahrt durch das Sørkleivdalen gelangen Sie an die Westseite der Insel Hinnøya. Über eine Brücke könnten Sie die Insel verlassen und in die Stadt Sortland mit ganzjährig geöffnetem Campingplatz gelangen. Er liegt etwas oberhalb der Stadt.

⛺ Sortland Camping & Motell, Vestervegen 51, 8400 Sortland, ☏ +47/76 11 03 00, ✉ hj.bergseng@sortland-camping.no, 💻 www.sortland-camping.no, GPS: N 68°42.10.6092' E 015°23.5261'

Hinter der Kulturfabrikken Sortland liegt am Hafen beim Hurtigruten-Kai außerdem ein Wohnmobilstellplatz (GPS: N 68°41.8440' E 015°25.1509'). Eine Ver- und Entsorgungsstation finden Sie an der Esso-Tankstelle nahe der Brücke in der Havnegata 44 (GPS: N 68°42.2801' E 015°24.8290').

Mein Routenvorschlag führt allerdings nicht über die Brücke nach Sortland, sondern bleibt auf der Straße Richtung Andenes und Risøyhamn. Die Strecke verläuft viel am Wasser entlang und bietet tolle Aussichten. So sehen Sie z. B. bei der Fahrt um den Forfjord herum voraus ein herrliches Bergpanorama.

Bei Dragnes verlassen Sie Hinnøya über eine Brücke und kommen bei Risøyhamn auf die Insel Andøya. Hier haben Sie die Wahl, die Insel im oder gegen den Uhrzeigersinn zu umrunden. Ich empfehle Ihnen, die Richtung gegen den Uhrzeigersinn zu wählen, da die Fahrt entlang der Westküste der Insel von Norden kommend schöner ist. Die Ostseite von Andøya ist nicht sehr spektakulär, da die Landschaft flach ist und die Straße viel geradeaus verläuft. Auf den 50 km zwischen Risøyhamn und Andenes gibt es eine Tankstelle und mehrere kleine Lebensmittelläden. Am nördlichsten Zipfel der Insel liegt der 2.700-Einwohner-Ort Andenes mit seinem bekannten roten Leuchtturm.

Leuchtturm von Andenes mit Nordlicht, Blende 2.8, 3,2 sec, 24 mm, ISO 1000

Andenes

Der wirklich sehr schön gelegene Campingplatz von Andenes hat leider im Winter nicht geöffnet. Doch es gibt Ausnahmen, fragen Sie einfach an der Rezeption von Hvalsafari nach (Adresse ☞ unten). Wenn nicht zu viel Schnee liegt, können Sie vielleicht dort stehen. Ansonsten gibt es einen ganzjährig geöffneten Campingplatz im 10 km entfernten Bleik (☞ unten).

Tankstellen mit Gasflaschenverkauf und Supermärkte sind genügend vorhanden.

Da hier der Tourismus boomt, gibt es auch Restaurants, Souvenirläden und dergleichen mehr.

Der Hauptgrund, weshalb Sie den weiten Weg nach Andenes unternehmen sollten, ist die Möglichkeit, an einer Walsafari teilzunehmen. Ganzjährig haben Sie hier die Chance, Pottwale zu beobachten. Im Winter können Sie mit etwas Glück auch Buckelwale, Finnwale und Orcas sehen.

▷ Hvalsafari ist einer der besten und erfahrensten Walsafari-Anbieter weltweit. In der liebevoll arrangierten Ausstellung im Keller des Walzentrums erfahren Sie viel Interessantes über die riesigen Tiere, ihr Jagdverhalten, ihre Fähigkeit, sich in den dunklen Tiefen des Atlantik zu orientieren, die lokalen Verhältnisse, aufgrund derer man hier das ganze Jahr Wale beobachten kann, und vieles mehr. An der Rezeption können Sie sich auch erkundigen, ob Sie auf dem Campingplatz stehen können. Am besten fragen Sie einige Tage vorher an.

♦ Hvalsafari AS/Whalesafari, Hamnegata 1C, 8480 Andenes, ☏ +47 761 15600, booking@whalesafari.no, www.whalesafari.com, Mo-Fr 9:00-15:00. Klingeln Sie, wenn niemand an der Rezeption ist, da immer jemand in der Verwaltung im 1.OG ist. GPS: N 69°19.4472‘ E 016°7.0771‘.

▷ Es gibt noch einen weiteren Walsafari-Anbieter in Andenes, der ein etwas anderes Prinzip verfolgt: Sea Safari Andenes. Während man bei Whalesafari mit einem großen Fischkutter, der M/S Reine, aufs Meer fährt, ist man bei Sea Safari mit Festrumpfschlauchbooten unterwegs, auf die maximal 12 Personen passen.

♦ Sea Safari Andenes, Hamnegata 9, 8480 Andenes, ☏ +47/91 67 49 60, post@seasafariandenes.no, www.seasafariandenes.no, GPS: N 69°19.3617’ E 016°7.3017’

Natürlich kann man in Andenes auch sehr gut das Nordlicht beobachten. Es bietet zusammen mit dem Leuchtturm ein schönes Fotomotiv, doch vom Hafen scheint relativ viel Straßen- und andere Beleuchtung herüber. Einen besseren Platz finden Sie an der Straße zwischen Andenes und Bleik, am Parkplatz Kleivodden auf einer kleinen Landzunge.

⌘ Eine andere Attraktion in Andenes ist das Spaceship Aurora, ein Museum am einzigen in Europa operativ tätigen Raumfahrtzentrum. Hier wurden seit 1962 über 1.000 Forschungsraketen abgeschossen, um u. a. auch das Nordlicht zu erforschen. In der Ausstellung erfahren Sie viel über dieses spektakuläre Himmelsphänomen und den Weltraum. Das Museum wird nach Umbau und Erweiterung im Februar 2020 wiedereröffnet. Der Besuch war schon vor dem Umbau absolut lohnenswert.

♦ Spaceship Aurora, Bleiksveien 46, 8483 Andenes, ☏ +47/76 14 46 00, contact@spaceshipaurora.no, www.spaceshipaurora.no, GPS: N 69°17.7270‘ E 016°1.8838‘

Planen Sie für den Aufenthalt in Andenes ein paar Tage ein, falls das Wetter nicht mitspielt und die Boote zur Walsafari nicht ablegen können.

Schneefall an der Westküste von Andøya, Vesterålen

☹ Es gibt eine perfekte Fährverbindung von Andenes nach Gryllefjord auf der traumhaften Insel Senja (☞ S. 134), doch da das Wetter im Winter oft zu stürmisch ist, ist der Betrieb leider auf den Sommer beschränkt. Sonst könnte man z. B. von Tromsø nach Sommarøy und dann von Brensholmen mit der Fähre – ebenfalls nur eine „Sommerfähre" – nach Botnhamn im Norden der Insel Senja fahren. Dann könnten Sie an dieser wunderschönen Insel entlangfahren und schließlich von Gryllefjord nach Andenes übersetzen. Doch leider ist dieses (noch) nicht möglich. Aber es wird überlegt, zumindest die Fähre von Brensholmen nach Botnhamn ganzjährig zu betreiben. Das wäre meiner Meinung schon einmal ein sehr guter Anfang, um Tromsø auch im Winter mit der traumhaften Landschaftsroute auf Senja zu verbinden. Die Alternative über die E8/E6 von Tromsø bis Bjerkvik kann da landschaftlich einfach nicht mithalten!

Von Andenes geht es weiter gegen den Uhrzeigersinn um die Insel Andøya herum. Dieser Straßenabschnitt entlang der Westküste der Insel bis zurück nach Risøyhamn (58 km) gehört ebenfalls zu den „Nasjonale Turistveger", den bereits erwähnten nationalen Touristenstraßen/Landschaftsrouten. Informationen über die Landschaftsroute Andøya finden Sie unter:

💻 www.nasjonaleturistveger.no/de/routen/andøya.

Am Besucherzentrum Spaceship Aurora vorbei erreichen Sie unterhalb eines gezackten Gebirgszugs einen der archtektonisch interessanten Rastplätze der Landschaftsroute: Kleivodden. Schräg voraus sehen Sie wie eine Zipfelmütze geformt die markante Vogelinsel Bleiksøya aus dem Meer ragen. Die Insel zusammen mit dem Nordlicht in der Nacht ist ein wunderbares Fotomotiv. Im Sommer brüten auf ihr u. a. Tausende Papageitaucher.

Bleik ist ein kleiner Fischerort mit einem direkt am Meer – an einem der längsten Strände Norwegens – gelegenen Campingplatz.

Midnattsol Camping, Gårdsveien 8, 8481 Bleik, ☏ +47/47 84 32 19,
midnattsol.camping@gmail.com, www.midnattsolcamping.com,
GPS: N 69°16.5254' E 015°57.9457'

Hinter Bleik führt die Straße ein kurzes Stück bergauf und vom Meer weg an einem See vorbei, um dann durch das Stavadalen wieder ans Meer zu gelangen. Vor Ihnen ragt die Bergkette Bukkekjerka empor, auf die die Straße zuführt. Am Fuß der Berge liegt der gleichnamige, wunderschöne Rastplatz.

Die Straße schlängelt sich zwischen den Bergen und dem Meer etwas oberhalb der Küste entlang. Ein paar Haltebuchten laden zu einem Stopp ein. Kurz vor Risøyhamn zweigt eine Straße rechts zur Andøy-Huskyfarm in 10 km Entfernung ab.

Huskyfarm Andøy, Uwe Baumgärtel, Nygård, 8484 Risøyhamn, ☏ +47/40 64 59 04,
Huskyfarm.andoy@gmail.com, www.husky-andoy.com,
GPS: N 68°56.0595' E 015°34.3395'

Wieder in Risøyhamn geht es auf derselben Strecke wie auf dem Hinweg zurück bis zur Brücke nach Sortland (50 km). Hier haben Sie zwei Möglichkeiten zur Weiterfahrt: Entweder Sie fahren über die Brücke nach Sortland, biegen hinter der Brücke links ab, fahren bis nach Melbu und setzen mit der Fähre nach Fiskebøl über. Es ist eine kurze Fährfahrt mit einer tollen Aussicht auf die Berge der Lofoten. Oder Sie fahren auf der schon bekannten Straße weiter bis zum Gullesfjord Camping (☞ S. 142) und dem folgenden Kreisverkehr, nehmen dort die erste Ausfahrt und folgen der E10 Richtung Å i Lofoten. Diese Route ist 208 km lang (ohne Abstecher). Die Strecke von Sortland über Melbu ist 50 km lang, über Gullesfjord bis zum Abzweig nach Fiskebøl (1 km) sind es 85 km.

Wegvariante über Melbu (mit Fährfahrt)

Auf der Straße 82 nach Melbu passieren Sie hinter der Hadselbrua (Hadselbrücke) auf der Insel Børøya einen ganzjährig geöffneten Campingplatz, der dem Vesterålen Kysthotell angegliedert ist.

Vesterålen Kysthotell, Pb 64, 8455 Stokmarknes, ☏ +47/76 15 29 99,
resepsjon@kystlandsbyen.no, vesteralenkysthotell.no,
GPS: N 68°34.2250' E 014°55.4943'

Auf der kleinen Insel gibt es auch eine Tankstelle und einen Lebensmittelladen.

In Melbu auf der Insel Hadseløya finden Sie ebenfalls eine Tankstelle und Lebensmittelläden. Am Supermarkt Rema 1000 steht auf dem Parkplatz an der Rückseite eine Ver- und Entsorgungsstation für Wohnmobile (GPS: N 68°30.0832' E 014°48.7969').

Wenn Sie direkt vor dem Rema 1000 in die Straße links einbiegen, gelangen Sie zum Sportboothafen. Dort gibt es an der Mole Wohnmobilstellplätze mit Stromanschluss für wenig Geld (GPS: N 68°29.6998' E 014°48.7673').

Informationen zum Fahrplan der Reederei Torghatten Nord für die Strecke Melbu – Fiskebøl erhalten Sie unter http://ruteinfo.thn.no/default.aspx?rnr=136.

Lohnender Abstecher: Fiskebøl – Vestpollen (46 km)

Wenn Sie sich für die schöne Fährfahrt von Melbu nach Fiskebøl entschieden haben, fahren Sie danach nicht direkt die 1,5 km zur E10, sondern unternehmen Sie noch diesen wunderschönen Abstecher durch die Einsamkeit der Lofoten. Er beginnt gleich hinter dem Fähranleger in Fiskebøl. Es geht rechts ab auf die Fv888 und an der Westküste entlang. Die Straße ist recht schmal, aber sehr gut zu befahren. Autoverkehr ist kaum vorhanden. Die Straße schlängelt sich um den schmalen Morfjorden herum. Wenn Sie in den Fjord hineinfahren, bietet sich ein fantastisches Bergpanorama. Fahren Sie um den Scheitelpunkt des Fjords herum wieder Richtung Fjordöffnung, ergeben sich Aussichten auf die Berge rechts und links des Fjords und man blickt mitten hindurch auf die offene See – einfach wunderschön! Um die nächste Bergkette herum geht es den Grunnførfjord entlang, den Sie über einen Damm queren. Auch hier bietet sich ein wunderbarer Blick auf stellenweise über 800 m hohe Berge.

Wegen des wenigen Verkehrs ist das Fahren auf diesem Abschnitt entlang der wilden, dramatischen Westküste der Lofoten ein absolutes Genussfahren.

In Laukvik können Sie entweder am Hafen nahe dem kleinen Leuchtturm oder direkt am Hafen stehen (ohne alles). Lebensmittelladen und Restaurant sind vor Ort vorhanden.

Einen Campingplatz finden Sie 8 km von Laukvik entfernt.

Sandsletta Camping, Midnattsolveien 993, 8315 Laukvik, ☏ +47/90 91 52 30, sandsletta@camping-lofoten.com, www.camping-lofoten.no, GPS: N 68°20.1640' E 014°29.9084'. Melden Sie sich bitte vorher an.

Hinter dem Campingplatz geht es vom Meer weg, etwas bergauf und an einigen Seen vorbei. In Vestpollen gelangen Sie wieder auf die E10 und können die Fahrt auf den Lofoten in Richtung Süden fortsetzen.

Wegvariante über den Gullesfjord (ohne Fährfahrt)

Falls Sie lieber ohne Fährfahrt auf die Lofoten möchten, geht es von Sortland am Gullesfjord entlang wieder zurück bis zum Kreisverkehr, an dem Sie die erste Ausfahrt nehmen. Auf der E10 fahren Sie insgesamt durch fünf Tunnel, von denen der Sørdaltunnel mit 6,4 km der längste ist. Der letzte Tunnel vor dem Abzweig nach Fiskebøl ist der Sløverfjordtunnel, der auf 3.340 m unter dem gleichnamigen Fjord hindurchführt.

Die E10 ist ab dem Raftsundet (nach dem dritten Tunnel) wieder einer der „Nasjonale Turistveger". Die Lofotenlandschaftsroute ist ein Traum von einer Streckenführung! Auf direktem Weg entlang der E10 bis nach Å am südlichen Ende der Lofoten ist die Landschaftsroute, die am Raftsundet beginnt, 180 km lang. Doch mit einigen traumhaften Abstechern kommen noch 50 km hinzu. Und Sie sollten diese Abstecher nicht missen, die Landschaft ist einfach sagenhaft.

Informationen erhalten Sie hier:

www.nasjonaleturistveger.no/de/routen/lofoten.

Der Raftsundet ist ein schmaler Kanal, durch den auch die Hurtigruten-Passagierschiffe fahren. Er bildet die Grenze zwischen den Vesterålen und den Lofoten. Besonders die Berge am westlichen Ufer ragen recht spektakulär bis zu 1.000 m aus dem Wasser. Die Hurtigrutenschiffe fahren durch diesen Fjord, weil sie einen Abstecher am unteren Ende des Raftsundet in einen der bekanntesten und spektakulärsten Fjorde Norwegens machen, den 2 km langen Trollfjord. 100 m ist die Mündung des Fjords nur breit, in den die Schiffe hineinmanövriert werden. Die Schiffe gleiten sehr dicht an den stellenweise fast senkrechten Felswänden entlang.

Die Straße verläuft am Ufer des Higravfjords entlang bis zu seinem Ende. Das Tal wird immer schmaler und die Berge rechts und links immer höher. Bevor sich das Tal wieder zum Austnesfjord öffnet, blicken Sie links auf den höchsten Berg der Lofoten, den 1.146 m hohen Higravtindan. Zu diesem Gebirgszug gehören die drei höchsten Berge der Lofoten. Auf der Rückseite der Berge liegt der oben beschriebene Raftsundet mit dem berühmten Trollfjord.

Nach der Ortschaft Vestpollen mündet die Fv888 (vor der Brücke) in die E10. Hier kommt der beschriebene Abstecher Fiskebøl – Vesterpollen zur Hauptroute dazu.

Kurz hinter der Kreuzung folgt einer der designten Rastplätze entlang der Lofoten-Landschaftsroute, der Rastplatz Austnesfjorden (GPS: N 68°18.9555' E 014°42.9493'). Auf einem Felsen wurde hier eine Aussichtsplattform über dem Fjord errichtet. Der Blick schweift über den gleichnamigen Fjord bis zu den gegenüberliegenden, 1.000 m hohen Bergen. Ein wirklich sehr schönes Bergpanorama! Halten Sie auf der Aussichtsplattform und auch auf der weiteren Fahrt entlang der Landschaftsroute nach Seeadlern Ausschau. Die Chancen, diese majestätischen Vögel auf den Lofoten zu sehen, sind sehr groß.

Auf dem Rastplatz finden Sie ein ganzjährig geöffnetes Servicehaus mit Toilette und einer kostenlosen Möglichkeit zur Chemietoilettenentleerung (💻 www.camperclean.com). Unter der Aussichtsplattform liegt der Ort Sildpollneset mit Kapelle auf einer kleinen Halbinsel im Austnesfjord. Neben der Kapelle befindet sich ein Campingplatz.

⛺ Sildpollnes Sjøcamp, Sildpollneset 92, 8316 Laupstad, ☎ +47/76 07 58 12, ✉ aril-roe@online.no, 💻 www.sildpollnes-sjocamp.no, GPS: N 68°19.3045' E 014°43.0537', bitte vorher anmelden

Die nächste Stadt, Svolvær, liegt auf mehreren Inseln verteilt vor einer beeindruckenden Bergkulisse.

Svolvær

⛺ Cetho Bobilcamping, Vårsetøyveien 25, 8300 Svolvær, ☎ +47/93 29 84 11, GPS: N 68°13.6369' E 014°33.4027'

🔥 LPG-Station Svolvær, K. Paulsen & Sønner AS, Industriveien 21, 8300 Svolvær, ☎ +47/76 07 04 00, ✉ post@kpsonner.no, 💻 www.kpsonner.no, 🚪 Mo-Fr 8:00-16:00, Sa 10:00-14:00, GPS: N 68°13.8634' E 014°32.1663', LPG-Station und Wohnmobilhändler, u. a. für Hymer und Carado

Svolvær ist mit 4.500 Einwohnern die größte Stadt auf den Lofoten. An der Werft geht es links rein.

Es gibt einen ganzjährig geöffneten Stellplatz für Wohnmobile in Svolvær, der aber leider umziehen musste und jetzt nicht mehr wie bisher an der Küste der Landzunge Vårsetøya liegt. Um den Platz herum wird gerade viel gebaut. Es handelt sich um ein Selbstversorgercamp ohne Rezeption: Wenn Sie am Automaten am Servicehaus per Karte bezahlen, erhalten Sie einen Code, mit dem Sie Zugang zum Servicehaus mit Duschen und Toiletten bekommen. Stromanschlüsse und Frischwasseranschluss sind ebenfalls vorhanden. Ob der Campingplatz dort noch lange bleiben kann, ist fraglich. Aber es ist kein großer Umweg, um kurz einmal zu schauen, ob er noch existiert!

Jede nordskandinavische Stadt, die etwas auf sich hält, hat heute eine Eisbar, so natürlich auch Svolvær.

Magic Ice Lofoten, Fiskergata 36, 8300 Svolvær, ☏ +47/76 07 40 11, post@macic-ice.no, www.magicice.no, 1.9.-31.5. tägl. 18:00-22:00, 1.6.-31.8. tägl. 12:00-23:00

Kabelvåg

Kabelvåg Feriehus & Camping, Mølnosveien 19, 8310 Kabelvåg, ☏ +47/76 07 86 20 oder +47/99 23 42 31, post@kabelvag.com, www.kabelvag.com, ganzjährig, GPS: N 68°13.0166‘ E 014°26.6893‘

Gleich hinter Svolvær liegt der Ort Kabelvåg mit der Lofotkatedralen, dem Lofotmuseum, in dem Sie Wissenswertes über die Lofotenfischerei erfahren (www.museumnord.no/lofotmuseet/) und dem Lofotenaquarium (www.museumnord.no/lofotakvariet/), wo Sie viel über den Skrei – bei uns besser bekannt als Winterkabeljau – lernen. Spannend sind auch die Fütterungen der Robben und Fischotter. Für einen längeren Aufenthalt eignet sich der ganzjährig geöffnete Campingplatz.

Hinter Kabelvåg verläuft die Straße parallel zu einer Bergkette durch ein Tal, um am Talende durch einen Tunnel auf die andere Seite der Bergkette zu gelangen. Weiter zwischen einem See und den Bergen führt die Straße mit Blick auf das Meer und die bergige Ostseite der Lofoten bergab. An der folgenden Kreuzung sollten Sie den Abstecher in das Fischerdorf Henningsvær nicht verpassen!

↳ Lohnender Abstecher: Henningsvær

Kurz hinter der Tunnelausfahrt zweigt in der Abfahrt eine kleine Straße links ab und führt 7 km bis in den Fischerort Henningsvær. Die Straße verläuft spektakulär zwischen Küste und steilen Bergen. Der Blick über das Meer auf die vorgelagerten Inseln ist sehr schön. Am Ende der Straße gelangen Sie über zwei Brücken nach Henningsvær. Hinter der ersten Brücke liegt ein guter Parkplatz auf der linken Seite.

Die Häuser des Fischerdorfs verteilen sich auf ein paar kleine Inseln. Viele unbewohnte Inseln sind den bewohnten noch vorgelagert. Die Lage ist einfach sensationell. Und viele von Ihnen kennen den Ort vermutlich, auch wenn Sie noch nie dort waren, denn es gibt wundervolle Luftaufnahmen von dem spektakulär gelegenen Sportplatz des Fußballklubs Henningsvær IL. Die Fotos wurden aus der Luft vom Meer aus gemacht und zeigen die Lage des Sportplatzes auf der felsigen Insel, die angrenzenden Trockenfischgestellen, den geschützten Hafen und die Bergkette im Hintergrund – das hat was!

Parken Sie Ihr Wohnmobil auf dem Parkplatz hinter der zweiten Brücke (Toilettenhaus vorhanden) und erkunden Sie den Ort zu Fuß. Das ist auch der offizielle (gebührenpflichtige) Wohnmobilstellplatz, der etwas vom Pkw-Stellplatz getrennt wurde. Souvenirshops, Galerien, Restaurants und Cafés sowie kleinere Lebensmittelläden finden Sie im Ort. Der Hafen liegt geschützt zwischen zwei Inseln, wobei man das seeseitige Ende mit einem Damm geschlossen hat, über den eine Straße zum Fußballplatz führt. In diesem Bereich finden Sie sehr viele der typischen Holzgestelle zum Trocknen des Winterkabeljaus. Sie reichen bis an den Fußballplatz heran.

Da dieser und auch die folgenden Abstecher zum einen sehr spektakulär und zum anderen auch sehr bekannt sind, müssen Sie hier selbst im Winter bereits mit zahlreichen Touristen rechnen. Hauptsächlich Fotografengruppen besuchen die Hotspots der Lofoten im Winter.

Wieder auf der Landschaftsroute führt die E10 um das Nord- und Lyngværfjellet herum immer am Wasser entlang. In Lyngværstranda lohnt ein Stopp beim Schild „Skulpturlandskap“. Eine interessante Spiegelkonstruktion wurde hier errichtet, die die Berge auf der anderen Seite des Gimsøystraumen spiegelt.

Es folgt die Brücke über den Gimsøystraumen, eine 18 km lange Meerenge. Vor der Brücke liegt der Gimsøystraumen-Rastplatz. Das Café hat im Winter allerdings nicht geöffnet. Der Blick auf die Brücke und die dahinter über 700 m hoch steil emporragenden Berge des Barstrandfjellet ist beeindruckend.

Die Straße führt hinter der Brücke genau um diese Berge herum zu einer kleinen Brücke über den Sundklakkstraumen.

Hier könnten Sie auf die Fv815 Richtung Stamsund und weiter nach Leknes zur E10 abbiegen. Das ist eine sehr schöne Alternative zur E10.

Es geht weiter zur Westküste der Lofoten, allerdings nicht immer an der Küste entlang, da Berge den Weg versperren. Und diese Berge sind spektakulär. Selbst die Norweger, die durch alles einen Tunnel bohren, Tunnel unter dem Meer graben und Brücken über Fjorde spannen, müssen vor dieser rauen, dramatischen Landschaft der Lofoten kapitulieren und schaffen es nicht, entlang der steilen Felsen der Westküste Straßen zu bauen ... Aber: Sie haben es geschafft, immer wieder Straßen zu einigen spektakulären Buchten zu bauen. Und diese Abstecher sind absolut fantastisch. Sie sind im Folgenden als „Lohnende Abstecher" beschrieben.

Die E10 verläuft jetzt auf der Insel Vestvågøya zuerst durch eine etwas weitere Landschaft bis zu einer Passstraße. Es geht auf 60 m Höhe zu einem der Landschaftsroutenrastplätze hinauf, dem Torvdalshalsen-Rastplatz (GPS: N 68°15.7329' E 013°49.5840'). Der Blick fällt über den unter Ihnen liegenden Ytter- und Innerpollenfjord auf eine sagenhafte Bergkulisse. Vor der Kulisse thront auf einem Hügel die Kirche von Borge. Daneben sehen Sie das Langhaus des Lofotr Vikingmuseum.

Auf dem Rastplatz gibt es auch wieder einen kostenlosen Chemietoilettenentleerungsautomaten (www.camperclean.com).

Bevor Sie auf der E10 bis zum Wikingermuseum fahren, ist vorher allerdings ein Abstecher nach Eggum ein absolutes Muss.

Lohnender Abstecher: Eggum

Auf der Fv994 sind es bis zum Ende der Straße in Eggum 10 km, die fast komplett an der Küste entlang verlaufen. In Eggum ragen die Berge über 500 m steil in die Höhe. Vom alten Fischerdorf zwischen den Bergen und dem offenen Meer führt vom Wendehammer eine sehr schmale Straße zu einem schönen Rastplatz. Der Rastplatz neben dem Parkplatz unterhalb einer alten deutschen Radarstation wurde wie ein Amphitheater angelegt (GPS: N 68°18.434' E 013°39.088'). Die Toiletten sind im Winter leider nicht geöffnet. Der Blick über das offene Meer zum Horizont ist sehr beruhigend. Als ich einmal hier war, hatte ich das riesige Glück, dass der Vollmond in einem kräftigen Orangeton am Horizont aus dem Meer aufstieg.

Aber auch der Blick an der Küste mit den steilen Bergen entlang ist toll. Und da sich oft über den Bergen Wolken bilden, ergeben sich sehr schöne Fotomotive.

Wenn Sie etwas Zeit mitgebracht haben, unternehmen Sie doch eine Wanderung von Eggum zum Leuchtfeuer Kleivneset. Der letzte Abschnitt führt über viele Steine, hier müssen Sie darauf achten, ob diese nicht vereist sind.

1 km hinter dem Abzweig nach Eggum liegt auf der linken Seite auf einem Hügel das Langhaus des Lofotr Vikingmuseum.

⌘ Wie es der Name schon erahnen lässt, erfahren Sie in den Ausstellungen einiges über die Geschichte der Wikinger. In dem Langhaus wird gezeigt, wie die Wikinger früher gelebt haben.

♦ Lofotr Vikingmuseum, Vikingveien 539, 8360 Bøstad, ☏ +47 76 15 40 00, booking@lofotr.no, www.lofotr.no, 1.11.-31.1. Mi + Sa 12:00-16:00, 1.2.-31.4. Mo-Sa 12:00-16:00, 23.12.-1.1. geschlossen, GPS: N 68°14.7093' E 013°45.4236'

Die E10 führt durch den kleinen Ort Bøstad (mit Lebensmittelladen) zum nächsten Abzweig an die spektakuläre Westküste.

Lohnender Abstecher: Unstad

Zum nächsten Hotspot auf den Lofoten geht es bereits 3 km hinter dem Wikingermuseum. Auf einer kleinen Straße gelangen Sie nach 9 km und zwei Tunneldurchfahrten zum Strand von Unstad. Der Ausblick kurz vor dem zweiten Tunnel ist sehr schön, da die Straße hier auf einer Höhe von über 60 m liegt. Der Blick geht über den schmalen Fjord Mærvollspollen zum Steinsfjorden. Die ihn begrenzenden Berge steigen fast senkrecht aus dem Meer auf. Die Tunnel sind recht einfach gebaut, sie sind einspurig und mit Ausweichbuchten versehen, falls man auf Gegenverkehr trifft. Auf der anderen Seite des schmalen, 630 m langen Unstadtunnels blicken Sie in ein breites, von Bergen eingerahmtes Tal und voraus auf das Meer. Die Unstadbucht ist einer der Surfhotspots auf den Lofoten. Es wird nicht nur im Sommer gesurft, auch im Winter warten die Freaks auf die perfekte Welle. Wer Lust hat: Surfbretter samt Surflehrer können gemietet bzw. gebucht werden (www.unstadarcticsurf.com). Im Café der Surfschule (mit Unterkünften) gibt es sehr leckere selbst gemachte Zimtschnecken.

Der Strand an der Unstadbucht (Unstadvika) wird an beiden Enden von Bergen eingerahmt. Es gibt einen Parkplatz mit Toiletten am nördlichen Ende.

Vom Parkplatz führt ebenfalls ein Weg zum Leuchtfeuer von Kleivneset und weiter um die Berge herum nach Eggum. Im Winter ist er allerdings nicht so einfach zu gehen, da die Felsen und Steine durch die Gischt oft vereist sind. An den steileren Stellen gibt es Ketten zum Festhalten.

Zurück auf der E10 geht es durch ein breites Tal Richtung Leknes, dem zweitgrößten Ort auf den Lofoten. Doch bevor Sie dort ankommen, führt noch einmal ein lohnender Abstecher an die Westküste.

↳ Lohnender Abstecher: Die Strände von Haukland und Uttakleiv

Besonders die zweite Hälfte des 8 km langen Abstechers ist landschaftlich besonders reizvoll. Auf der Abfahrt von einer kleineren Passstraße blicken Sie in die Vikbucht (Vikbukta). Sie beherbergt zwei der schönsten Sandstrände der Lofoten, wobei der zweite, der Strand von Haukland, sehr beliebt ist. Von einem Parkplatz kommen Sie hier sehr gut zum Strand mit einem wundervollen Blick über die Vikbucht mit tollem Bergpanorama. Der Berg Veggen mit seinen 489 m begrenzt den Strand an seiner Nordseite. Unterhalb des Berges verläuft ein Wanderweg um selbigen herum nach Uttakleiv. Die Straße führt durch den Berg hindurch nach

Die Bucht von Utakleiv

Uttakleiv zu einem Parkplatz an der Nordseite des Berges. Der Blick vom Parkplatz über den Steinfjord hinüber zu den steilen, 600 m hohen Bergen von Unstad ist klasse.

Der Strand von Haukland und auch der Parkplatz von Uttakleiv eignen sich recht gut zur Beobachtung des Nordlichts. Aber auch hier sind Sie selbst im Winter nicht alleine, sondern treffen andere Fotobegeisterte mit ihren Stativen, die das Nordlicht auf den Sensor ihrer Kameras bannen möchten.

Der raue Charakter der Westküste mit der oft brutalen Natur und der Wildheit des Meeres, das hier auf schroffe, karge, durch die Gischt nasse und in der Sonne glänzende Berge trifft, bietet eine wunderschöne Dramatik.

Am Flugplatz von Leknes vorbei erreichen Sie das Zentrum des Ortes mit der großen Shopping-Mall Lofotsenteret. Supermärkte, Restaurants, Cafés, Baumarkt, Bekleidungsgeschäfte: Alles ist dort zu finden. An der Esso-Tankstelle (am zweiten Kreisverkehr) besteht die Möglichkeit, das Abwasser zu entsorgen.

Hinter Leknes ist die Landschaft recht flach und ermöglicht dadurch einen weiten Blick auf die bergigen Inseln ringsherum. Die Straße biegt rechts ab und führt über den Offersøystraumen. Gleich hinter der Brücke folgt ein weiterer Abzweig nach Uttakleiv. An der E10 erreichen Sie kurz hinter der Brücke den Rastplatz Skreda direkt am Offersøystraumen (GPS: N 69°8.9632' E 013°30.3906'). Die Aussicht über den Fjord in Richtung Nappstraumen und Bergkulisse ist sehr schön. Das Toilettenhäuschen ist ganzjährig geöffnet.

Hinter dem Rastplatz geht es durch den 1.780 m langen Nappstraum-Unterwassertunnel auf die Insel Flakstadøy. Und auch diese Insel hat wieder einige Highlights zu bieten.

↳ Gleich hinter dem Tunnel zweigt eine kleine Straße nach Myrland ab (5 km). Entlang der Straße liegen im hinteren Teil zwei Haltebuchten mit wunderbarer Aussicht (GPS: N 68°9.3245' E 013°24.8017'). Hier habe ich zwei Mal gestanden und das Nordlicht beobachtet.

Hinter dem Abzweig führt die Straße am kleinen Hafen von Napp vorbei vom Wasser weg bergauf über eine Passstraße (⇧ 60 m). Machen Sie dort einen Halt und schauen Sie vom Aussichtspunkt hinunter über den See Storvatnet zum Vareidsundet mit der ihn umgebenden, tollen Bergkulisse.

Unten im Ort Vareid am Vareidsundet angekommen, lohnt ein Abstecher ins 4 km entfernte Vikten, wieder an der Westküste.

↳ Lohnender Abstecher: Vikten

In Vikten können Sie Glasbläser bei ihrer Arbeit beobachten und natürlich traumhaft designte Produkte aus Glas käuflich erwerben (💻 www.glasshyttavikten.no). Die Fahrt dorthin bietet Ihnen aber auch spektakuläre Aussichten auf die Bergwelt der Lofoten und die Weiten des Atlantischen Ozeans. Die Straße verläuft unterhalb der Rørliheia-Bergkette, deren Schönheit Sie von der anderen Seite des Vareidsundet besser erkennen werden. In Vikten gibt es kurz hinter der Glasbläserei einen privaten Parkplatz am Strand, auf dem Sie die Nacht über stehen dürfen. Die Parkgebühr zahlen Sie im Haus gegenüber.

Die E10 führt jetzt sagenhaft schön um den Flakstadpollen herum. Die Berge, die die Bucht auf drei Seiten einrahmen, erreichen stellenweise Höhe von fast 1.000 m. Am unteren Ende ist ein weiterer wundervoller Abstecher über eine kleine Passstraße hinweg an die Küste zum Fischerdorf Nusfjord möglich.

↳ Lohnender Abstecher: Nusfjord

Am südlichen Ende des Flakstadpollen zweigt die Straße 896 ab. Auf wunderschönen 6 km geht es dieses Mal an die Ostküste der Lofoten zum Fischerdorf Nusfjord. Die Fahrt führt auf einem recht kurzen Abschnitt zu einer Passhöhe auf 68 m hinauf. Wie in einem Amphitheater wird der See Storvatnet vom 938 m hohen Stjerntinden eingerahmt. An den nackten Felswänden sehen Sie gefrorene Wasserfälle. Die Straße verlässt das Amphitheater durch ein schmales Tal am Fuß einer kleinen Staumauer. Sie führt zwischen steilen Felswänden und dem Ende des Nusfjords zu einem Parkplatz, von wo aus Sie zu Fuß zum geschützten Hafen des Museumsfischerdorfes in felsiger Umgebung gelangen. Das Fischerdorf zählt zu den ältesten und am besten erhaltenen seiner Art in Norwegen. Der alte Kolonialwarenladen hat es mir besonders angetan.

Die Weiterfahrt um den Flakstadpollen ist wirklich großartig. Da wundert es nicht, dass die wenigen Haltebuchten immer belegt sind und Fotografen mit Stativen durch den tiefen Schnee stapfen, um besondere Blickwinkel auf den Talkessel zu entdecken. An der Öffnung des Talkessels am Vareidsundet blicken Sie auf eines der beliebtesten Fotomotive auf den Lofoten, die Bergkette Rørliheia mit dem 691 m hohen Hustinden und dem 399 m hohen Knubben. Fotografiert wird dieser besonders gerne vom Strand von Skagsanden beim Rastplatz Flakstad aus. Die Straße macht einen 90-Grad-Knick und führt Sie zu diesem Rastplatz mit ganzjährig geöffnetem Toilettenhäuschen (GPS: N 68°6.2191' E 013°17.0126').

Auf der Straße nach Nusfjord

☺ Nehmen Sie an der 90-Grad-Kurve erst einmal den rechten Abzweig und fahren Sie zur sehr schönen, rot gestrichenen Holzkirche von Flakstad, bevor Sie dann zum Parkplatz fahren.

Der Strand von Flakstad (Skagsanden) liegt an einer flachen Landzunge, die in den Vareidsundet hineinragt. Wenn das Wasser am flachen Strand langsam zurückläuft und den feuchten Sand zurücklässt, spiegelt sich die Rørliheia auf selbigem. Ein sehr schönes Fotomotiv! Ein Spaziergang am Strand lohnt sich also.

Surfer sind von den Wellen angetan, die sich vor dem Strand bilden, und packen ihre Surfbretter auch im Winter aus. Wenn es dunkel wird, pilgern die Fotografen hierher, denn das Nordlicht lässt sich vom Strand aus sehr gut fotografieren.

Da nie alle Nordlichtfans zur selben Zeit kommen, kann es manchmal sehr nervig sein, wenn die ankommenden Fahrzeuge mit eingeschaltetem Fernlicht auf den Parkplatz einbiegen und den Strand anstrahlen. Und auch nicht jeder Fotografierende kommt mit seiner Kamera im Dunkeln zurecht, sodass immer wieder irgendwo eine Stirnlampe angemacht wird. Aber dennoch ist es ein sehr schöner Platz!

Die Straße führt um die Berge herum zum sehr schön gelegenen Ort Ramberg.

Ramberg

Ramberg Gjestegård, Flakstadveien 361, 8380 Ramberg, ☏ +47/76 09 35 00, post@ramberg-gjestegard.no, www.ramberg-gjestegard.no, GPS: N 68°5.5149' E 013°14.0430'. Bitte vorher anrufen, da der Platz im Winter nicht immer komplett geräumt wird und geplant ist, mehrere neue Hütten aufzustellen.

Ramberg ist der letzte größere Ort auf dem Weg Richtung Süden, darum lohnt es sich, in dem gut sortierten Supermarkt in dem kleinen Einkaufszentrum die Vorräte wieder etwas aufzufüllen.

Eine kleine Tankstelle ist auch vorhanden.

An der Bucht Justnesvika liegt der sichelförmige Rambergstrand, den Sie von einem Parkplatz aus sehr gut erreichen können. Der weite Blick auf die umliegenden Berge zeigt Ihnen ein wenig, wie zerklüftet die Lofoten sind. Machen Sie einen schönen Spaziergang am Strand.

Am südlichen Ende des Rambergstrands liegt der ganzjährig geöffnete Campingplatz.

Entlang der Straße sehen Sie nun mehr und mehr Holzgestelle zum Trocknen des Stockfisches.

Stockfisch

Von Januar bis April schwimmen Millionen von Kabeljauen in Schwärmen von der Barentsee zu den Laichgründen in der Nähe der Lofoten in Nordnorwegen. Er wird mit Grundschleppnetzen im Westfjord zwischen den Lofoten und dem norwegischem Festland auf dem Meeresgrund gefangen. Nach dem Fang wird der Fisch geköpft und die Innereien werden entfernt. Danach werden die Fische paarweise an den Schwanzflossen zusammengebunden und auf großen Holzgestellen im Freien zum Trocknen aufgehängt. Die Holzgestelle werden „Stock" genannt, daher der Name Stockfisch. In der Zeit von Februar bis Mai reift er für etwa drei Monate durch die Einflüsse der Natur. Das Klima ist dabei sehr wichtig für den Reifeprozess: Temperaturen um den Gefrierpunkt und der richtige Mix aus etwas Regen, nassem Schnee, Sonne und Wind, wie er in Nordnorwegen vorherrscht, sind erforderlich. Nach dreimonatigem Herumhängen an der „speziellen" frischen Luft hat der Fisch 4/5 seines Gewichts verloren. Danach geht es ab in Lagerhallen, die trocken und luftig sein müssen. Nach Größe, Gewicht, Farbe, Geruch etc. wird er sortiert und auf Paletten gestapelt. Es gibt um die 15 unterschiedliche Qualitäten. Bis zu 12 Monate verbringt der Fisch in den Lagerhallen, bevor er in den Verkauf geht.

Doch wie wird er zubereitet und gegessen? Da beim Trocknen an der Luft sehr viel Wasser entzogen wird, legt man den Fisch in 2 bis 4 °C kaltes Wasser, das Sie mindestens einmal am Tag wechseln müssen. Das machen Sie 4 bis 5 Tage, danach entnehmen Sie ihn, ziehen die Haut ab, schneiden ihn in Portionen und bereiten ihn ganz normal wie frischen Fisch zu.

An der Konservierungsmethode können Sie erkennen, dass der Stockfisch ein reines Naturprodukt ist, ganz ohne Konservierungsstoffe. Die Wikinger gehörten zu den Ersten, die den getrockneten Fisch mit auf ihre Eroberungstouren nahmen. Dann wurde er aber nicht gewässert, sondern trocken gegessen.

Dem Stockfisch von den Lofoten wurde in der EU der Status einer sogenannten „geschützten geografischen Angabe“ verliehen. Sie kennen das z. B. von Champagner oder Parmaschinken: Kein anderes ähnliches Produkt darf sich so nennen, wenn es nicht aus dieser Region stammt.

Es folgt hinter Ramberg ein Parkplatz an dem Abzweig nach Fredvang. Hier sieht man auch oft Fotografen, denn die beiden geschwungenen Brücken über den Kubholmsundet sind sehr fotogen in die Landschaft eingebunden. Die Überfahrt über die beiden Brücken lohnt sich!

⮱ Lohnender Abstecher: Ytresand

Nehmen Sie den Abzweig nach rechts und fahren Sie über die 230 m lange Kubholmenleiabrücke und die ebenfalls 230 m lange Røssøystraumenbrücke bis ans Ende der Straße. Dort an der T-Kreuzung biegen Sie rechts ab und fahren bis ans Ende auf den Parkplatz (GPS: N 68°5.9445' E 013°8.0853'). Er liegt etwas oberhalb des Sandbotnen mit einem wunderbaren breiten Strand. Einen Strandspaziergang sollten Sie einplanen. Hinter dem Parkplatz türmen sich die Berge zu fast 400 m Höhe auf. Der Blick vom Parkplatz reicht bis hinüber nach Ramstad und zur Rørliheia – traumhaft!

Durch das Überqueren des Kubholmsundet sind Sie jetzt übrigens auf der Insel Moskenesøya.

Auf der Fahrt zurück über die beiden Brücken ragt vor Ihnen ein ganz markanter Berg auf. Der 457 m hohe Volandstinden hat die Form einer Pyramide.

Wieder auf der Insel Flakstadøy sind es noch 29 km bis Å. Die nächsten Kilometer verlaufen wunderbar am Wasser entlang. Dann geht es über den Kåkersundet auf die Insel Moskenesøya. Sie fahren weiter entweder am Wasser entlang oder durch Tunnel, z. B. durch den 1,6 km langen Fjøsdalentunnel. Die Straße verläuft zwischen der Küste und steil aufragenden Bergen. Sie wurde stellenweise „überdacht", um herunterfallende Steine aufzufangen. Direkt vor dem Hamnøytunnel liegt der Landschaftsroutenrastplatz Akkarvikodden (GPS: N 67°57.7250' E 013°9.1423'). Der Blick geht über den Vestfjord in Richtung des norwegischen Festlands, dessen Berge Sie bei gutem Wetter am Horizont sehen können. Das Toilettenhäuschen ist im Winter geschlossen.

Direkt hinter dem 1.460 m langen Hamnøytunnel liegt der Ort Hamnøy. Dieser Ort und die angrenzende Ortschaft Reine mit ihren Bergpanoramen bilden die meistfotografierte Region auf den Lofoten. Hamnøy und Reine liegen u. a. auf kleineren Inseln, die durch zwei Brücken miteinander verbunden sind. Die Orte befinden sich am Reinefjord, von dem der Vor-, Kjerk-, Bunnes- und Forsfjord abzweigen. Die Berge, die die Fjorde begrenzen und voneinander trennen, ragen oftmals über 600 m steil in die Höhe. Glatte, nackte, senkrecht emporragende Felswände tun sich hier auf. Spektakulär ist z. B. die riesige Felswand des 675 m hohen Olstinden, der den Vor- und Kjerkfjord voneinander trennt.

Die Brücken sind einspurig und der Verkehr wird über Ampeln geregelt. Die Anfahrt an den Ampeln kann etwas schwierig sein, wenn man an vorderster Stelle steht, da es recht steil hinaufgeht und die Straßen eisig sein können. Die Straßen sind auch recht schmal, aber im Winter herrscht hier nicht viel Verkehr. Im Sommer steht man schon mal im Stau.

Direkt an der zweiten Brücke liegt Anita`s Sjømat, ein wirklich gutes Restaurant mit einer hervorragenden Fischkarte. Da immer noch nicht viele Restaurants in Reine im Winter geöffnet haben, ist es bei Anita immer ordentlich voll. Sie können sich auch verpackte Ware mitnehmen. Ein Besuch lohnt sich!

Hinter der zweiten Brücke liegt linker Hand noch ein kleiner Lebensmittelladen.

Der beliebteste Aussichtspunkt ist der Parkplatz beim Reinehalsen am Ortsausgang, unterhalb des Berges Reinebringen (GPS: N 67°55.6969' E 013°5.0529'). Von dem erhöhten Parkplatz blicken Sie über die Ortschaften und das sagenhafte Bergpanorama. Wenn Sie hier der Straße hinunter zum Hafen folgen, finden Sie dort eine Möglichkeit, die Chemietoilette zu entleeren (GPS: N 67°56.1276' E 013°5.9455'). Am Hafen befindet sich auch ein offizieller Parkplatz, der gebührenpflichtig ist und auf dem man mit dem Wohnmobil die Nacht über stehen darf.

Eine Tankstelle, an der Gasflaschen verkauft werden, samt einem Kiosk, finden Sie ebenfalls am Hafen.

Windstille und schöne Spiegelung

Auf den 448 m hohen Berg Reinebringen führt ein Wanderweg, der seit Mitte 2019 wieder geöffnet (aber noch nicht komplett fertiggestellt) ist. Wie beim Aufstieg in Tromsø hinauf zur Bergstation der Fjellheisen-Seilbahn hat man hier eine Sherpatreppe angelegt, da der alte, ausgetretene Pfad zu gefährlich wurde. Im Winter ist der Weg sehr schwierig zu begehen, da er recht steil bergauf führt und die Treppen vereist sein können. Die Aussicht über den Reinefjorden auf das Bergpanorama ist grandios: hohe, zerklüftete, steil aus den Fjorden aufragende Bergketten – eine beeindruckende raue, zerfurchte Landschaft.

Gleich hinter dem Ortsausgang von Reine geht es durch den 400 m langen Ramsviktunnel und direkt hinter der Brücke über den kurzen Djupfjord liegt links am Meer der Parkplatz Reine. Von dort können Sie über den Vestfjord hinüber zum Festland blicken. Die Straße führt kurz dahinter durch den 1.070 m langen Seljelitunnel nach Moskenes.

Wenn Sie hier zum Hafen und an der Kirche links abbiegen und den Hügel hochfahren, gelangen Sie zum ganzjährig geöffneten Campingplatz.

⛺ Moskenes Camping, Moskenesvågen, 8392 Sørvågen, ☎ +47/99 48 94 05, ✉ info@moskenescamping.no, 💻 www.moskenescamping.no, GPS: N 67°54.0130' E 013°3.1428', bitte telefonisch anmelden/ankündigen. Die Aussicht entweder über den Vestfjord oder auf die Berge der Lofoten ist klasse.

Vom Hafen legen die Fähren der Reederei Torghatten-Nord zum Festland nach Bodø ab. Die Fahrt dauert 3 Stunden und 15 Minuten und ist spektakulär, denn die Bergkulisse der Lofoten vom Meer aus zu sehen, ist grandios. Aber auch die Anfahrt nach Bodø mit den Bergen im Hintergrund ist spannend.

♦ Informationen über die Reederei Torghatten Nord mit allen angebotenen Routen erhalten Sie unter www.torghatten-nord.no, Informationen zu den Abfahrtszeiten Bodø – Moskenes – Bodø unter: http://ruteinfo.thn.no/default.aspx?rnr=86

Die Straße entlang der Lofoten ist in Moskenes aber noch nicht zu Ende.

Es geht noch weiter durch die Ortschaft Sørvågen mit einem schönen, geschützten Hafen und einem kleinen Lebensmittelladen. Die Straße schlängelt sich dann durch den angrenzenden Ort Tind zum Ort mit dem kürzesten Namen in Norwegen: Å. Hinter einem kurzen Tunnel erreichen Sie einen Parkplatz und das Ende der Straße (GPS: N 67°52.7945‘ E 012°58.6669‘). Über einen kurzen Fußweg kommen Sie zu einem tollen Aussichtspunkt mit Blick auf das felsige Ende der Lofoten und die Inseln Værøya und Røst.

Route 7/Finnland: Inari – Levi – Äkäslompolo – Pallastunturi – Muonio – Karesuanto (425 km)

Eine traumhaft schöne Straße ist die 165 km lange 955 zwischen Inari und Köngäs. Hier leben nur ganz wenige Menschen und die Landschaft ist unglaublich schön. Äkäslompolo ist einer meiner Lieblingsorte in Finnland. Was Sie hier alles an Outdooraktivitäten unternehmen können, ist toll. Besonders lohnend sind hier Schneeschuhwanderungen auf die sieben Fjells, die den Ort umgeben. Ein ganzjährig geöffneter Campingplatz mit schöner Sauna liegt zentral an einem See. Und dann ist da noch Pallastunturi im gleichnamigen Nationalpark – ebenfalls ein Traumgebiet für Schneeschuhwanderungen.

Die schon beschriebene Route 1 folgte vom Süden kommend der E75 nach Inari. Der folgende Routenvorschlag führt von Inari auf der kleinen Straße 955 wieder Richtung Süden. Die Straße bis Köngäs zählt für mich zu den schönsten in Finnland. Auf einer Fahrt auf diesem Abschnitt hatte ich das Glück, dass die Bäume ordentlich mit Schnee bedeckt waren, die Temperaturen deutlich im Minusbereich lagen und die Schneekristalle in der Sonne glitzerten.

Aus Inari geht es kurz vorm Siida Museum links ab auf der 955 an der Tankstelle vorbei in die finnische Einsamkeit. Nach 15 km können Sie die Inarin Porofarmi (Inari-Rentierfarm) besuchen.

Inarin Porofarmi, Kittiläntie 1445, 99870 Inari, ☏ +358/(0)50/066 64 44, reindeerfarm@reindeerfarm.fi, www.reindeerfarm.fi, GPS: N 68°49.8132‘ E 026°46.4427‘, ⇧ 148 m, bitte vorab kontaktieren

Die Straße führt zum Teil an den Grenzen des Lemmenjoki-Nationalparks (Lemmenjoen kansallispuisto) entlang. Er ist Finnlands größter Nationalpark. In einigen Abschnitten verläuft die Straße kurvig auf und ab, was immer wieder wundervolle Ausblicke ermöglicht. Die schneebedeckten Bäume machten die Winterlandschaft bei meiner Reise perfekt.

30 km hinter Inari folgt eine weitere Rentierfarm.

Petri Mattus, Kittiläntie 3070 B, 99870 Inari, ☏ +358/(0)40/019 39 50, Petri.mattus@gmail.com, www.reindeerfarmpetrimattus.com, GPS: N 68°45.4673‘ E 026°28.3449‘, ⇧ 209 m, bitte vorab reservieren

Weiter Blick auf den Straßenverlauf zwischen Inari und Levi

Auf dem Abschnitt bis Köngäs sind mir mehr Rentiere als Autos begegnet, was vielleicht auch kein Wunder ist, da doch zwei Rentierfarmen an diesem Abschnitt liegen. Das geringe Verkehrsaufkommen machte es möglich, dass ich das Wohnmobil mal am Straßenrand parkte, um Fotos von der unberührten Winterlandschaft zu machen. Einige Male bin ich ohne Schneeschuhe etwas abseits der Straße im Tiefschnee unterwegs gewesen. Das war allerdings keine gute Idee, denn ich sackte bis zu den Hüften in den Tiefschnee ein. Aber Spaß hat es trotzdem gemacht. Im Wohnmobil konnte ich mich ja wieder aufwärmen und auch die Sachen gut trocknen.

Auf dem Parkplatz von Pokka (106 km von Inari entfernt, GPS: N 68°9.6996' E 025°46.1497', ⇧ 267 m), einem der wenigen kleinen Ortschaften entlang der 955, steht ein Schild, auf dem zu lesen ist, dass hier am 28.1.1999 eine Temperatur von -51,5 °C gemessen wurde. Bei meiner Vorbeifahrt war es „nur" halb so kalt!

Am Ende der 955 biegen Sie in Köngäs links auf die 956 Richtung Kittilä ab. Sie erreichen den Ort Levi, den bekanntesten Skiort Finnlands, finden hier doch jährlich FIS-Skirennen statt. Da der Fjell allerdings nicht das höchste ist (⇧ 535 m), werden hier „nur" Slalomrennen ausgetragen.

Levi

Levi Tourist Information, Myllyjoentie 2, 99130 Levi, ☏ +358/(0)16/639 33 78, Buchungen unter +358/(0)16 639 33 00, levi.info@levi.fi, www.levi.fi, Mo-Fr 9:00-17:00, Sa-So geschlossen, GPS: N 67°48.2842' E 024°47.9011'

Levilehto Apartments, Levintie 1625, 99130 Levi, ☏ +358/(0)40/312 02 00, levilehto@levi.fi, www.levilehto.fi, GPS: N 67°48.3937' E 024°48.1264'. Melden Sie sich vorher an, da die geräumten Stellplätze gut gebucht sind.

Es gibt Tankstellen mit Gasflaschenverkauf und Supermärkte im Ort.

In der kleinen Fußgängerzone im Zentrum finden Sie viele Sportgeschäfte, in denen Sie auch Skier ausleihen können. Touranbieter für Schneemobilausflüge sowie Souvenirshops und Unterkünfte, sind ebenfalls im Zentrum vorhanden. In der Touristeninfo können Sie auch Ausflüge mit Hundeschlitten buchen. Sie finden Sie direkt am Kreisverkehr an der Hauptstraße.

Es gibt an den Berghängen verteilt mehrere Skilifte. Zero Point mit der Talstation liegt direkt am Zentrum.

Wer einmal richtig leckeres Rentierfleisch essen möchte, der sollte im NiliPoro Restaurant vorbeischauen. Der Besitzer hat eine eigene Rentierfarm und bereitet das Fleisch in den unterschiedlichsten Varianten zu. Wirklich sehr empfehlenswert.

NiliPoro Restaurant und Night Grill Poron Rykimä, Torikuja 4, 99130 Levi, ☏ +358/(0)40 665 18 65, nili.poro@gmail.com, www.niliporo.fi, Di-Sa 14:00-21:30 (Küche bis 21:00)

Die Straße 9555 führt Sie einmal um den Fjell herum. Dabei können Sie einen Abstecher zu der Rentierfarm Levin Sammun-Tupa unternehmen, die schon seit 1861 existiert. An der Farm führen auch Loipen vorbei, kommen Sie also auch gerne mit Langlaufskiern vorbei.

Sammun-Tupa, Taalonie 160, 99130 Sirkka (Levi), ☏ +358/(0)40/032 98 82 oder +358/(0)40/092 58 82, info@sammuntupa.fi, www.sammuntupa.fi, GPS: N 67°46.8189' E 024°56.4782', ⇧ 195 m. Natürlich können Sie hier Rentierschlittenausflüge unternehmen – eine sehr entspannte Art, die Schneelandschaften Finnisch-Lapplands zu erkunden. Oder Sie gehen in die Sauna, die direkt am Fluss Ounasjoki liegt. In einem Eisloch im See können Sie sich abkühlen. Kaffee wird in der Zeit von 10:00 bis 16:00 serviert.

Entlang der Straße folgt noch eine weitere Möglichkeit zu einem Abstecher zu einer weiteren Rentierfarm, die auch Rentierausflüge mit Schlitten anbietet.

Levin Lapinkylä, Isotaalontie 285, 99130 Sirkka, ☏ +358/(0)40/022 52 40, levin@lapinkyla.fi, www.lapinkyla.fi, GPS: N 67°45.0466‘ E 024°57.6044‘, ⇧ 189 m. Im Restaurant können Sie lokale Speisen bestellen. Übernachten kann man auf der Farm in Hütten mit Glasdächern, die für die Beobachtung des Nordlichts vom Bett aus sehr gut geeignet sind.

Wieder zurück in Levi liegt gleich am Kreisverkehr der Campingplatz.

Aus Levi heraus geht es am Flughafen vorbei bis zum Ortsanfang von Kittilä (Tankstellen mit Gasflaschenverkauf und Supermärkte). Von dort fahren Sie auf die Straße 80 52 km nach Äkäslompolo. Auch dieser Abschnitt führt durch bewaldete Landschaften zu den nächsten Fjellgebieten. Die sanft geformten, baumlosen Hügel heben sich sehr schön gegen den Horizont ab. Den südlichsten Berg sehen Sie schon von Weitem, da die Skipisten auf ihm hell erleuchtet sind.

Gut besuchtes Rentierrennen, Äkäslompolo

In der Ortschaft Ylläsjärvi an der Südseite des Yllästunturi (Tankstelle mit Supermarkt und Gasflaschenverkauf) zweigt die Straße rechts ab, um am Hang des 718 m hohen Bergs bis auf 380 m anzusteigen. Es geht an zwei Skiliften vorbei wieder bergab nach Äkäslompolo. Die Skipisten liegen direkt an der Grenze zum Pallas-Yllästunturi-Nationalpark.

Noch oberhalb des Ortes, innerhalb der Parkgrenzen, liegt das Kellokas Luontokeskus, das Besucherzentrum des Pallastunturi-Nationalparks. Der Besuch ist sehr lohnenswert. Auf der Ausstellungsfläche im Untergeschoss erfahren Sie viel über die Natur und Kultur in der Region von früher bis heute. In der Gallerie Kellokas wird Kunst samischer Künstler in wechselnden Ausstellungen präsentiert. Im Auditorium können Sie Filme über den Nationalpark und über die Region sehen. Ein Restaurant gibt es in dem Gebäude ebenfalls, außerdem ist hier die Touristeninformation von Äkäslompolo untergebracht.

♦ Besucherzentrum Kellokas, Tunturintie 54, 95970 Äkäslompolo, ☏ +358/(0)40/026 78 26, kellokas@metsa.fi, www.nationalparks.fi/en/yllastunturivisitorcentre, ganzjährig geöffnet, 30.9.-24.11. Mo-Fr 9:00-16:00, 25.11.-31.12. Mo-So 9:00-17:00, GPS: N 67°35.3844' E 024°12.1966', ⇧ 331 m

Äkäslompolo

Ylläksen Ykkös Caravan, Riihentie 4, 95970 Äkäslompolo, ☏ +358/(0)40/513 84 00, hilkka.alatalo@gmail.com, www.yllaksenykkoscaravan.fi, GPS: N 67°36.4210' E 024°8.5930'. Der Platz liegt am Äkäslompolo-See auf einer Höhe von 220 m.

Äkäslompolo ist Ausgangspunkt für viele Aktivitäten in der Natur. Der Ort ist umgeben von sieben Fjells, wovon sechs innerhalb der Grenzen des Pallas-Yllästunturi-Nationalparks liegen. Es gibt einen Anbieter, mit dem Sie alle sieben Fjells zusammen mit Schneeschuhen erwandern können.

❄ Seven Fells Up, Äkäslompolo, Ylläs, ☏ +358/(0)40/648 72 10, info@sevenfellsup.com, www.sevenfellsup.com. Einen Stand, an dem Sie Touren buchen können, finden Sie in der Shopping-Mall beim K-Market (Supermarkt). Seven Fells Up bietet wunderbare Schneeschuh- und Skiwanderungen in den sieben Fjells der Region an. Und natürlich hat der Anbieter auch Nordlichtschneeschuhtouren im Programm.

Der Ort hat auch einen ganzjährig geöffneten Campingplatz. Es sind also alle Voraussetzungen gegeben, um sich hier länger aufzuhalten, um in der Natur aktiv zu sein.

☺ Sie können z. B. von der Kirche aus, die 400 m vom Campingplatz entfernt liegt, auf den 446 m hohen Kuertunturi wandern. Für den Aufstieg werden Schneeschuhe empfohlen. Die meiste Zeit geht es durch dichten Wald bergauf, erst nach dem letzten steileren Abschnitt passieren Sie die Baumgrenze und haben einen wunderbaren Ausblick über Äkäslompolo und die Fjells des Pallastunturi-Nationalparks. Einmal war ich dort oben, um den Sonnenuntergang und die zeitgleich auftretende Tag-Nacht-Grenze zu fotografieren und habe einen wundervollen Sonnenuntergang und eine farbenprächtige Dämmerungsphase beobachten können. Nach dem schweißtreibenden Aufstieg mit der schweren Fotoausrüstung wurde es bei -18 °C und Wind aber zu kalt, um länger auf das Nordlicht zu warten. Es zeigte sich in der Nacht auch keines.

Auf dem See Äkäslompolo sind Langlaufloipen gespurt oder Wege für Fatbiker angelegt. Diese Mountainbikes mit den besonders dicken Reifen sind ein sehr beliebtes Fortbewegungsmittel in Finnland. Die Bikes, Langlaufskier oder auch Schneeschuhe können Sie in Äkäslompolo ausleihen.

Die Fahrt geht weiter auf der etwas schmaleren Straße 940 durch bewaldetes Gebiet Richtung Muonio. Dabei passieren Sie eine weitere Huskyfarm.

Äkäskero Sleddogcenter, Äkäslompolontie 1291, 99300 Muonio,
☏ +358/(0)40/171 99 62, office@akaskero.com, www.akaskero.com,
GPS: N 67°44.8751' E 024°5.1883'

An der Kreuzung mit der 79 gibt es zwei Möglichkeiten, nach Pallastunturi zu gelangen: rechts oder links um die Seen Jerisjärvi und Särkijärvi herum. Auf der anderen Seite der Seen vereinigen sich die Straßen wieder und führen in den Pallas-Yllästunturi-Nationalpark.

Nach einem weiteren Abzweig sind es noch 6 km bis zu einem weiteren Nationalparkbesucherzentrum, dem Skilift und dem Hotel. Die Berge des Pallastunturi-Höhenzugs sind jetzt sehr schön zu sehen. Der Höhenzug umfasst sieben Fjells, wobei der Taivaskero mit 809 m der höchste ist. Alle sieben ragen über die Baumgrenze hinaus.

Blick auf die Fjells des Pallas-Yllästunturi-Nationalpark

Kurz vor dem Hotel Pallas liegt rechter Hand ein großer Parkplatz, auf dem man auch sehr gut die Nacht stehen kann (GPS: N 68°2.5099' E 024°4.0683', ⇧ 440 m). Im Hotel gibt es einen Ausrüstungsverleih, wo Sie z. B. Schneeschuhe oder Langlaufskier mieten können. Also gute Voraussetzungen, um sich in dieser wunderschönen Region etwas länger aufzuhalten.

Pallas-Yllästunturi-Nationalpark

Der Nationalpark ist mit 1.020 km² der drittgrößte Nationalpark Finnlands. In seiner heutigen Form existiert er seit 2005. Er ist der beliebteste und meistbesuchte Nationalpark Finnlands, fast eine halbe Million Menschen kommt jährlich hierher. Am Fuße des gleichnamigen Fjells (*tunturi*) finden Sie neben einem Hotel ein Besucherzentrum. Die Ausstellung „From Forest to Fell Tops" zeigt, wie sich die Vegetation vom Fuß des Fjells mit seinen Birken- und Kiefernwäldern bis zur baumfreien Zone auf den Gipfeln verändert.

❀ Pallastunturi-Besucherzentrum, Pallastunturintie 557, 99330 Pallastunturi,
☎ +358/(0)20/639 79 30, ✉ pallastunturi@metsa.fi,
💻 nationalparks.fi/en/pallas-yllastunturinp, GPS: N 68°2.7607' E 024°3.8343'

Nächtliche Schneemobil-Ausfahrt

Bis 2018 konnte man hinter dem Hotel Pallas noch mit Stromanschluss campen. Das wurde leider eingestellt. Aber vielleicht fragen Sie einfach einmal an der Rezeption nach, ob ein Übernachten doch möglich ist. Das Hotel ist allerdings von Mitte September bis Mitte Februar geschlossen. Der Ausblick vom Restaurant und von der Bar ist grandios. Und ein Besuch in der Sauna nach einem Tag in der Winterlandschaft ist sehr wohltuend.

Eine Woche, bevor das Hotel im Februar die Besucher willkommen heißt, öffnet es für ein Snowkitertreffen. Die Region gilt als einer der Hotspots für diese Sportart in Skandinavien. Über 100 Snowkiter, nicht nur aus den skandinavischen Ländern, treffen sich alljährlich zum gemeinsamen Kiten.

Nehmen Sie auf dem Rückweg zur 79 den rechten (direkten) Weg. Legen Sie auf dem kleinen Parkplatz an der Brücke einen Stopp ein (GPS: N 67°57.0129' E 023°59.9886', ⇧ 256 m), denn an dieser Stelle ist das Wasser des Sees Jerisjärvi nicht gefroren, da er hier in den tiefer gelegenen See Törmäslompolo übergeht. Hier halten sich gerne Singschwäne auf, aber auch Otter, Minke und Wasseramseln habe ich beobachten und fotografieren können.

3 km hinter der Brücke lohnt sich ein Abstecher zur Torassieppi-Rentierfarm mit Unterkünften und Restaurant. Es gibt auch ein Winterdorf mit Schneehotel, Restaurant und Bar. Außerdem werden Ausflüge mit Huskys oder Schneemobilen angeboten.

Torassieppi Reindeer Farm and Cottages, Torassiepintie 212, 99300 Muonio, ☏ +358/(0)40/170 19 25, sales@harriniva.fi, www.harriniva.fi, GPS: N 67°57.1361' E 023°55.5228'

Wieder an der Straße 79 sind es nur noch 12 km in die nächstgrößere Ortschaft Muonio.

Muonio

In Muonio können Sie Ihre Vorräte in den Supermärkten auffüllen.
Tankstellen mit Gasflaschenverkauf gibt es ebenfalls.

Der Ort liegt direkt an der Grenze zu Schweden, nur durch den Fluss Mounionjoki sind die beiden Länder voneinander getrennt. Wer mal wieder lecker und gepflegt Kuchen essen möchte, dem kann ich das Swiss Café empfehlen.

Swiss Café, Puthaanrannantie 5, 99300 Muonio, ☏ +358(0)40 35 4 83 33, www.swisscafemuonio.com, tägl. 10:00-17:00 (außer 24. + 25. 12.), GPS: N 67°57.4206' E 023°40.7614', ⇧ 237 m. Es gibt auch einen Souvenirshop und eine Galerie mit sehr guten Fotografien von der Region, denn der Chefkonditor ist leidenschaftlicher Landschaftsfotograf.

Ein paar Kilometer südlich von Muonio liegt Harriniva, ein Feriendorf mit Restaurant, Outdooranbieter und einer der größten Huskyfarmen Finnlands. Bis 2018 konnte man hier im Winter auch mit Wohnmobilen campen, 2019 hat man mich abgewiesen, da man die Stellfläche für andere Aktivitäten nutzen will.

Fragen Sie aber einfach einmal per Mail nach oder rufen Sie an und fragen Sie, ob es doch möglich ist, dort mit dem Wohnmobil zu stehen.

Harriniva Hotels & Safaris, 99300 Muonio, ☏ +358/(0)40/015 51 00, reception@harriniva.fi, www.harriniva.fi, GPS: N 67°55.9984' E 023°39.3979'

Wenn Sie dringend einen Campingplatz benötigen, können Sie ins 105 km entfernte Pajala in Schweden fahren, dort gibt es einen ganzjährig geöffneten Campingplatz.

⛺ Pajala Camping Route 99, Tannavägen 65, 98431 Pajala, ☏ +46/733 64 52 78, ✉ hej@pajalacampingroute99.se, 💻 www.pajalacampingroute99.se, GPS: N 67°12.2209' E 023°24.4245'. Auch hier gilt: vorher anrufen oder mailen, damit alles geräumt und aufgeschlossen werden kann.

Oder Sie fahren die 55 km zurück nach Äkäslompolo.

Von Muonio geht es weiter auf der E8 immer an der finnisch-schwedischen Grenze entlang knapp 90 km bis nach Karesuanto. Hier können Sie Ihre Route mit bereits beschriebenen Touren kombinieren.

Route 8/Finnland und Norwegen: Muonio – Särkijärvi – Hetta – Kautokeino – Alta (320 km)

Diese Route ist zum einen eine Verbindungsetappe für die, die von Finnland aus über Karasjok nicht bis hoch zum Nordkap, sondern wieder Richtung Süden fahren möchten. Zum anderen ist es eine Abkürzung von Alta aus Richtung Süden, um die kurvige Fahrt entlang der (spektakulären) Fjorde Norwegens zu vermeiden.

Diese Route führt wieder über die Landesgrenze nach Norwegen. Denken Sie daran, die Uhr um eine Stunde zurückzustellen. Und rechnen Sie damit, an der Grenze von norwegischen Zöllnern gründlich nach Alkohol durchsucht zu werden.

Ich möchte die Routenbeschreibung mit einem kleinen Umweg beginnen: Statt die kürzere Strecke über die E8 nach Palojoensuu und von dort auf der 93 Richtung Hetta zu nehmen, fahren Sie von Muonio aus auf der 79 bis nach Särkijärvi und folgen der Ausschilderung zum Pallas-Yllästunturi-Nationalpark. Danach fahren Sie aber nicht links Richtung Pallastunturi/Pallas Hotel, sondern weiter geradeaus. Die Straße führt zwischen dem 645 m hohen Pallaskero und dem 555 m hohen Ylilaki hindurch und hinunter zum See Pallasjärvi. Danach verlässt die Straße den Nationalpark, verläuft aber noch einige Zeit parallel zu dessen Ostgrenze. Sie passieren einige kleinere Orte, ansonsten geht es durch eine einsame Landschaft bis in die etwas größere Ortschaft Hetta (107 km), die nahe der nördlichen Grenze des Pallas-Yllästunturi-Nationalparks liegt.

Hetta

⚠ In Hetta gibt es zwar einen Campingplatz, dieser hat aber im Winter nicht geöffnet. Dafür bietet das Hotel Jussan Tupa die Möglichkeit, auf seinen Parkplätzen mit Stromanschluss zu stehen. Hotel Jussan Tupa, Ounastie 140, 99400 Enontekiö, ☏ +358/(0)40/ 688 22 00, ✉ jussantupa@jussantupa.fi, 💻 www.jussantupa.fi/en, GPS: N 68°23.0922' E 023°38.2804', ⇧ 293 m.

🛒 Gegenüber liegt ein großer Supermarkt.

Hetta ist Verwaltungssitz der Gemeinde Enontekiö (Informationen unter 💻 www.tosilappi.fi/de). Sie bedeckt eine Fläche von 8.400 km² und erstreckt sich zwischen der norwegischen und schwedischen Grenze in einer Ausbuchtung gen Westen, die im Finnischen „Käsivarsi" („Arm") genannt wird. Die Gemeinde hat gerade einmal 0,25 Einwohner pro Quadratkilometer, was Sie merken, wenn Sie die wenigen Straßen der Gemeinde entlangfahren.

Ich wollte in Hetta einmal mein Frischwasser nachfüllen, doch die Wasserleitungen an den beiden Tankstellen waren eingefroren, da die Temperaturen seit über einer Wochen unter -20 °C lagen. Die Dame an einer der Tankstellen empfahl mir, zur Feuerwehr zur fahren, dort gebe es immer Wasser. Gesagt, getan. Der freundliche Feuerwehrmann legte den Schlauch samt C-Rohr bis zum Wohnmobil und feuerte das Wasser so in den Tank, dass ich Angst hatte, es würde auf der anderen Seite des Wohnmobils wieder herauskommen! Aber alles ging gut und er hatte sichtlich Spaß daran, auch mal in solch einem Fall zu helfen.

Vor der St1-Tankstelle biegen Sie rechts auf die 93, die zur knapp 40 km entfernten finnisch-norwegischen Grenze führt.

↳ Wenn Sie Lust auf eine Hundeschlittenfahrt durch diese sagenhaft schöne Landschaft haben, biegen Sie nicht ab, sondern folgen der Straße etwa 2 km weiter geradeaus. Dort finden Sie auf der rechten Seite die Huskyfarm Hetta Huskies. Die Touren in dieser Wintermärchenlandschaft, wenn man nichts anderes hört als das Bellen der Hunde, sind einfach einmalig schön.

Hetta Huskies, Cape Lapland, Hetantie 211, 99400 Enontekiö,
☏ +358/(0)16/64 15 90, info@hettahuskies.com, www.hettahuskies.com,
GPS: N 68°22.8851' E 023°33.4498', ⇧ 292 m

Die 93 führt in Richtung der finnisch-norwegischen Grenze flach und leicht kurvig durch eine Landschaft, in der hauptsächlich die niedrigen Fjellbirken wachsen. In der Ortschaft Palojärvi am gleichnamigen See befinden sich eine Tankstelle, ein kleiner Lebensmittelladen mit Restaurant und ein dazugehöriger Campingplatz, der das ganze Jahr geöffnet hat (außer 24. und 25.12.).

Galdotieva, Ruijantie 2605, 99440 Leppäjärvi, ☏ +358/(0)40/772 25 52,
galdotieva@harriniva.fi, www.harriniva.fi,
GPS: N 68°34.2441' E 023°20.0886', ⇧ 356 m

Hier sind Sie wirklich in der absoluten Einsamkeit. Für das Beobachten des Nordlichts gehen Sie am besten auf den See hinaus.

Die nahe liegende Grenzstation liegt auf einer Höhe von 388 m. Vergessen Sie nicht, die Uhren umzustellen.

Auf norwegischem Staatsgebiet geht es genauso flach durch die endlose Weite der Finnmark weiter. In Norwegen trägt die Straße die Bezeichnung E45. Sie bringt Sie nach Kautokeino.

Kautokeino

Über 85 % der etwas mehr als 3.000 Einwohner sind Sámi. Um den Ort herum leben in den schier endlosen Weiten des Finnmarksvidda-Hochplateaus über 90.000 Rentiere. Von der Rentierzucht leben hier auch die meisten Menschen. Aber auch der Tourismus wird immer wichtiger.

Fahrt durch die Weite der Finnmark

⌘ Ein Besuch des RiddoDuottar-Museums am Ufer des Kautokeinoelva lohnt sich sehr. Sie erfahren viel über die interessante Geschichte der Stadt und können in einer Ausstellung farbenprächtige samische Trachten und alte Skier bestaunen (und vieles mehr). Auf dem angrenzenden Gelände des Freilichtmuseums wird gezeigt, wie man hier früher oberhalb des Polarkreises in der Einsamkeit gelebt hat.

♦ RiddoDuottarMuseat (Kautokeino bygdetun), Boaronjárga 23, 9520 Guovdageaidnu – Kautokeino, ☏ +47/40 61 31 83, 💻 www.rdm.no/deutsch/kautokeino_bygdetun/, 🚪 Mo-Fr 9:00-15:00, Sa und So geschlossen, GPS: N 69°0.5215‘ E 023°2.9036‘

⌘ Sehenswert ist auch Silbergalerie Juhls, die sehr schöne Schmuckstücke produziert. Auch die Architektur des Gebäudes ist sehenswert.

♦ Juhls Silver Gallery, Galaniittuluodda, 9520 Kautokeino, ☏ +47/78 48 43 30, ✉ post@juhls.no, 💻 www.juhls.no, GPS: N 68°59.6004‘ E 023°1.7645‘

In Kautokeino können junge Menschen an der architektonisch sehr schönen Sámi University of Applied Sciences studieren.

30 km geht es weiter auf der E45 bis zur Kreuzung mit dem Abzweig nach Karasjok. Bis hierhin sind es von Hetta 112 km. Bis nach Karasjok sind es von der Kreuzung noch 97 km, bis nach Alta 100 km. Sie haben nun zwei Möglichkeiten:

1.) Wenn Sie auf der weiter oben beschriebenen Route 2 von Karasjok nicht bis hoch zum Nordkap fahren wollen, nehmen Sie diese Straße (92). Die Landschaft ähnelt dem alternativen Abschnitt auf der E45 nach Alta. Es ist flach und die Straße führt an vielen zugefrorenen Seen vorbei, an denen auch einige Parkplätze liegen. Die Straße verläuft auf einer Höhe von über 300 m, der höchste Punkt liegt bei 380 m. Die „Berge" ringsherum erreichen gerade mal die 600-m-Grenze. Ortschaften findet man hier selten, maximal sind es vereinzelt Höfe.

2.) Die E45 Richtung Alta steigt etwas höher an, sie knackt die 400-m-Marke, was man während der Fahrt allerdings gar nicht richtig mitbekommt, da die Straße ganz sanft ansteigt. Etwa 40 km vor Alta ändert sich die Landschaft, die Straße führt entlang des lang gezogenen Sees Trangdalsvatn durch ein ganz schmales Tal mit steilen Felswänden bergab. Durch bewaldete Landschaft geht es weiter bis nach Alta am Altafjord. Vorher passieren Sie noch die Campingplätze von Alta, die ganzjährig geöffnet sind (☞ S. 108).

Spiegelung nach Sonnenuntergang

Resümee

Polarkreis bei Pello, Finnland

Schauen Sie sich die Karten der acht beschriebenen Routen an und überlegen Sie sich, wie viel Zeit Ihnen für Ihre Reise ins winterliche Skandinavien zur Verfügung steht. Sie können die Routen wunderbar miteinander verbinden und je nach Anfahrtsland passend zusammenstellen. Die acht Routen umfassen fast 4.000 km nur oberhalb des Polarkreises, die Anfahrtswege über Finnland, Schweden oder Norwegen sind nicht mit eingerechnet.

Es ist eine Reise in die Einsamkeit und Stille. Mir hat es besonders die schier endlose bewaldete Weite Finnlands angetan, aus der wunderschön die baumlosen Fjells herausragen. Diese sanft geschwungenen Berge mit Schneeschuhen zu erkunden und sagenhafte Aussichten zu genießen, ist ein einmaliges Erlebnis. Wenn Sie zu einer Zeit unterwegs sind, wenn die Sonne noch nicht über dem Horizont erscheint und eine wundervolle lange Dämmerungsphase Ihnen atemberaubende Farben präsentiert, ist das ein Fest für die Augen. Wenn die traumhaften Farben der Tag-Nacht-Grenze sich bald eine Stunde am Horizont zeigen und sich darunter die verschneiten oder von Eiskristallen bedeckten Bäume kontrastreich abheben, ist das ein wunderschöner Anblick! Die Farben strahlen in der saubersten Luft Europas auch noch einmal besonders! Abends ermöglichen Ihnen die klare Luft und die geringe Population den Blick in einen Sternenhimmel, der viel voller erscheint als anderswo.

Norwegen mit seiner faszinierenden zerklüfteten Küste und den vorgelagerten Inseln der Lofoten und Vesterålen oder der Insel Senja bietet einen extremen Kontrast zur sanften, weiten Landschaft Finnlands. Hinter jeder Kurve präsentiert sich ein neuer spektakulärer Ausblick auf kahle, vereiste und verschneite steile Berge und ein weiter Blick über das Meer bis zum Horizont.

Anglerglück, Norwegen

Wiederum eine andere Landschaft bietet sich Ihnen auf der finnisch-schwedischen Hochebene mit den beiden Seen Kilpisjärvi und Torneträsk auf über 300 m Höhe. Zwei hervorragende Plätze für die Beobachtung des Nordlichts.

Nordlicht über der Bergkette Rørliheia, Lofoten

Das Outdoor-Freizeitangebot in der Winterlandschaft ist einfach überwältigend. Von Walbeobachtung bis Schneeschuhwanderung ist vieles möglich.

Machen Sie sich nicht so viele Gedanken über vereiste und verschneite Straßen. Sie werden nach kurzer Zeit sehr gut auf ihnen zurechtkommen. Und dann werden Sie mit einer der schönsten Winterlandschaften belohnt, die in nicht für möglich gehaltene Farben getaucht wird (am Tag und in der Nacht) und von der Sie nicht geglaubt hätten, dass es sie so geben kann!

Und natürlich haben Sie die Chance, in klaren, kalten Nächten ein Leuchten am Himmel zu beobachten, dass alles bisher Gesehene in den Schatten stellt. Glauben Sie mir, selbst das spektakulärste Feuerwerk ist nichts dagegen: das Nordlicht. Dieses mystische Licht kann in so unterschiedlichen Farben, Formen und Bewegungen am Nachthimmel erscheinen, dass es nur so eine Freude ist.

Viel Freude wünsche ich Ihnen auf Ihrer Reise durch das winterliche Skandinavien oberhalb des Polarkreises.

Kleiner Sprachführer

Dompfaff, Finnland.

Da die Routen durch drei Länder führen, möchte ich Ihnen auch gerne einen kleinen Sprachführer für alle drei Länder anbieten. Sie werden erkennen, dass sich die norwegische und schwedische Sprache ähneln, die finnische Sprache dagegen komplett anders ist. Norwegisch und Schwedisch gehören wie auch Dänisch, Färöisch und Isländisch zu den nordgermanischen Sprachen. Finnisch (suomi) gehört hingegen zu den finno-urgrischen Sprachen und ist eng mit dem Estnischen und entfernt mit dem Ungarischen verwandt.

Der folgende Sprachführer versetzt Sie zwar nicht in die Lage, sich perfekt in der Landessprache mit den jeweiligen Einheimischen unterhalten zu können, aber er beinhaltet einige Wörter und Redewendungen, die Ihnen etwas weiterhelfen können. In allen drei Ländern sprechen die Menschen sehr gut Englisch, sodass die Kommunikation darüber meist klappt. Aber überall freuen sich die Menschen, wenn man ihre Sprache etwas spricht, das zeigt ihnen, dass Sie Interessse an ihrem Land haben.

Allgemeine Redewendungen

Deutsch – Finnisch – Norwegisch – Schwedisch
Hallo! – Hei! – Hei! – Hej!
Guten Morgen! – Hyvää huomenta! – God morgen! – God morgon!
Guten Tag! – Hyvää päivää! – God dag! – God dag!
Guten Abend! – Hyvää iltaa! – God kveld! – God kväll/God afton!
Gute Nacht! – Hyvää yötä! – God natt! – God natt!
Auf Wiedersehen – Näkemiin! – Ha det/farvel! – Hej då!
Tschüss! – Moi Moi!, Moido!, Heippa! – Adjø! – Hej då!
Wie geht's? – Mitä kuuluu? – Hvordan har du det? – Läget?
Danke, gut. – Kiitos, hyvää? – Takk, bra. – Fint, tack.
Wie heißen Sie? – Mikä sinun nimesi on? – Hva heter du? – Vad heter du?
Ich heiße … . – Minun nimeni on … . – Jeg heter … - Jag heter …
ja – kyllä, joo – ja - ja
nein – ei – nej - nej
bitte – ole oder olkaa hyvä – vær så snill – ingen orsak
danke – kiitos – takk – tack
vielen Dank – kiitos paljon – tusen takk – tusen tack
Wo ist …? – Missä on …? – Hvor er .. ? – Var är …?
Was ist das? – Mikä tämä on? – Hva er det? – Vad är detta?
Prost! – Kippis! – Skål! – Skål!

Entschuldigung - Anteeksi – Unnskyld – Ursäkta
Ich spreche kein … . – Minä en puhu suomea. – Jeg snakker ikke norsk – Jag talar ingen svensk.
Mir ist kalt. – Minua paleltaa. – Jeg fryser. – Jag fryser.

Zahlen

0 – nolla – null – noll
1 – yksi – en – ett
2 – kaksi – to – två
3 – kolme – tre – tre
4 – nelja – fire – fyra
5 – viisi – fem – fem
6 – kuusi – seks – sex
7 – seitsemän – sju – sju
8 - kahdeksan – åtte –- åtta
9 – yhdeksän – ni – nio
10 – kymmenen – ti – tio
11 – yksitoista – elleve – elva
12 – kaksitoista – tolv – tolv
13 – kolmetoista – tretten – tretton
14 – neljätoista – fjorten – fjorton
15 – viisitoista – femten – femton
16 – kuusitoista – seksten – sexton
17 – seitsemäntoista – sytten – sjutton
18 - kahdeksantoista – attan – arton
19 – yhdekdäntoista –nitten – nitton
20 – kahdetkymmenet – tjue – tjugo
21 – kaksikymmentä – tjueen – tjugoett
30 – kolmekymmentä – tretti – trettio
40 – neljäkymmentä – førti – fyrtio
50 – viisikymmentä – femti – femtiuo
60 – kuusikymmentä – seksti sextio
70 – seitsemätkymmenet – sytti – sjuttio
80 – kahdeksankymmentä – åtti – åttio
90 – yhdeksänkymmentä – nitti – nittio

100 – sata – hundre - hundra
101 – satayksi – hundreogen – etthundraett
200 – kaksisataa – to hundre - tvåhundra
1000 – tuhat – tusen – tusen

Wochentage

Montag – maanantai (ma) – mandag – måndag
Dienstag – tiistai (ti) – tirsdag – tisdag
Mittwoch – keskiviikko (ke) – onsdag – onsdag
Donnerstag – torstai (to) – torsdag – torsdag
Freitag – perjantai (pe) – fredag – fredag
Samstag – lauantai (la) – lørdag – lördag
Sonntag – sunnuntai (su) – søndag – söndag

Monate

Januar – tammikuu – januar – januari
Februar – helmikuu – februar – februari
März – maaliskuu – mars – mars
April – huhtikuu – april – april
Mai – toukokuu – mai – maj
Juni – kesäkuu – juni – juni
Juli – heinäkuu – juli – juli
August – elokuu – august – augusti
September – syyskuu – september – september
Oktober – lokakuu – oktober – oktober
November – marraskuu – november – november
Dezember – joulukuu – desember – december

Zeit

jetzt – nyt – nå – ja
vorher - ennen – før/tidligere – innan
später - myöhemmi – senere – senare
(der) Morgen – aamu – morgen – morgon

Mittag - keskipäivä – middag – middag
Nachmittag - iltapäivä – ettermiddag – eftermiddag
Abend – ilta – kveld/aften – kväll/afton
Nacht – yö – natt – natt
Mitternacht - keskiyö – midnatt – midnatt
gestern – eilen – igår – igår
heute – tänään – idag – idag
heute Nacht – tänä yönä – i natt – i natt
morgen - huomenna – imorgen – imorgon
diese Woche – tämä viikko – denne uken – denna vecka
nächste Woche – ensi viikko – neste uke – nästa vecka
letzte Woche – viime viikko – forrige uke – förra veckan

Autofahren und Verkehr

rechts – oikealla – høyre – höger
links - vasemmalla –venstre – vänster
geradeaus – suoraan eteenpäin – rett fram – rakt fram
zurück – takaisin – tilbake – tillbaka
Kreuzung – risteys – krysning - korsning
Auto – auto – bil – bil
Wohnwagen – asuntovaunu – campingvogn – husvagn
Wohnmobil – matkailuauto – bobil – husbil
Motorrad – moottoripyörä – motorsykkel – motorcykel
Fahrzeugpapiere – rekisteriote – bilens vognkort – fordonshandlingar
Führerschein – ajokortti – førerkort – körkort
Polizei – poliisi – politi – polis
Pannendienst – ziepalvelu – veihjelpstjeneste – uppdelning tjänst
Unfall - onnettomuus – ulykke – olycka
Tankstelle – bensiiniasema – bensinstasjon – bensinstation
tanken – tankata – fylle bensin – tanka
Diesel – dieselöljy – diesel – diesel
Benzin – bensa –bensin – bensin
Höchstgeschwindigkeit – huippunopeus (korkein sallittu nopeus) – fartsgrense – maxfart
Parkverbot - pysäköintikielto – parkeringsforbud – parkeringsförbud
Abblendlicht – lähivalot – nærlys – halvljus

Frostschutzmittel – jäänestoaine – frostvæske – frostskyddsmedel
Winterreifen – talvirengas – vinterdekk – winterdäck
Winterreifen mit Spikes - nastarengas – piggdekk – dubbdäck
Schneeketten – lumiketju – kjetting – snökedja/slirskydd

Begriffe der Landkarte

Nationalpark – kansallispuisto – nasjonalpark – nationalpark
Naturschutzgebiet - luonnonpuisto – naturreservat – naturreservat
Polarkreis – napapiiri – polarsirkel - polcirkeln
Straße - katu – vei – väg
Landstraße – tie – landevei – landsväg
Wald – metsä – skog – skog
Berge – tunturi – fjell – berg
See – järvi – vatn – sjö
Fluss, Bach – joki – elv – älv
Wasserfall – vesiputous – foss – vattenfall
Meer – meri – hav – hav
Bucht – lahti – bukt/vik – bukt
Insel – saari – øy – ö
Fähre – lautta – ferje/ferge – färja
Kirche – kirkko – kirke – kyrka
Norden – pohjoinen – nord – norr/nord
Osten – itä – øst – öst
Süden – etelä – sør – syd
Westen - länsi – vest – väst

Begriffe der Wetterkarte

Wetter – sää – vær – väder
Wettervorhersage – säätiedotus – værvarsel – väderprognos
bewölkt – pilvinen, hämärä, pilvisyys – skyel – mulen
wolkenlos – pilvetön – skyfri – molnfri
Frost – pakkanen, halla – frost – frost
Gewitter – ukkonen – uvær – åska
Regen – sade, liikkua – regn – regn
Schnee – lumi – snø – snö

Sturm – myrsky – storm – storm
Schneesturm – lumimyrsky, myräkkä – snøstorm – snöstorm
Sonne – aurinko – sol – sol
Sonnenaufgang – auringonnousu – soloppgang – soluppgång
Sonnenuntergang – auringonlasku – solnedgang – solnedgång
sonnig - aurinkoinen – solrik – solig
Mond – kuu – måne – måne
Mondaufgang – kuunnousu – månenoppgang – månuppgång
Monduntergang – kuunlasku – månenedgang – månnedgång
Vollmond – täysikuu – fullmåne – fullmåne
Sternenhimmel - tähtitaivas – stjernehimmel – stjärnhimmel
Temperatur – lämpötila – temperatur – temperatur
Wind – tuuli – vind – vind
Eis – jää – is – is
Polarlicht – revontulet – polarlys – polarsken/norrsken
kalt - kylmä – kald – kall

Restaurant

Frühstück – aamupala – frokos – frukost
Mittagessen – lounas – lunsj/middag – lunch
Abendessen - illalinen – kveldsmat – kvällsmål
Tagesmenü – päivän menu, ruokalista – dagens rett – dagens rätt
Fisch – kala – fisk – fisk
Huhn – kana – høne – kyckling
Rind – nauta – storfe – nöt
Fleisch – liha - kjøtt – kött
Nudeln – nuudeli – pasta – pasta
Reis - riisi – ris – ris
Eier - munia – egg – ägg
Gemüse – vihannekset – grønnsaker – grönsaker
Früchte – hedelmät – frukt v frukter
Brot – leipä – brød – bröd
Kaffee – kahvi – kaffe – kaffe
Tee – tee – te – te
Saft – mehu – juice – juice
Mineralwasser - soodavettä – mineralvann – mineralvatten
Bier – olut – øl – öl
Wein – viini – vin – vin

Rotwein – punaviini –rødvin – rödvin
Weißwein - valkoviini – hvitvin – vitvin
Die Rechnung, bitte. – Lasku olkaa hyvä. – Regningen takk. – Notan, tack.

Campingplatz

Wasser – vesi – vann – vatten
Strom – virta – strøm – ström
Elektrizität - sähkö – elektrisitet – elektricitet
Sauna – sauna – badstue – bastu
Abwasser (Grauwasser) – jätevesi (harmaa vesi) – utslipp – avloppsvatten
Entsorgungsstelle – tyhjennyspaikka – fasiliteter – återvinningscentral
Chemietoilette kem. wc, kuivakäymälä – kjemisk toalett – kemisk toalett
Chemietoilettenentleerung – kemiallisen vessan tyhjennys – utslagskum – kemisk toalett tömning
Öffnungszeiten mit eingeschränktem Service – avoinnaoloaika rajoitetuin palveluin – åpningstider med begrenset service – öppettider med begränsad service

Laut UN-World Happiness Report ist Finnland das glücklichste Land der Welt. Probieren Sie es aus – Auf in den finnischen Winter!

Mehr Infos unter ***finnlines.de/ glueck*** oder Tel. 0451/1507-443.

Finnlines
a Grimaldi Group company

* Preisbsp. einfache Fahrt für 2–4 Pers. inkl. AB4 Kabine und PKW bis max. 6 m Länge/2,10 m Höhe in der Nebensaison. Reisezeitraum 1.1.2020–30.4.2020. Begrenzte Verfügbarkeit. Alle Konditionen und Infos unter finnlines.de. **Finnlines Deutschland GmbH,** Einsiedelstr. 43-45, 23554 Lübeck. Geschäftsführer: Uwe Bakosch

Index

Sternenbahnen bei Henningsvær, Lofoten, Norwegen
Blende 4, 8 sec, 12 mm, ISO 1600, 608 Aufnahmen

A

B

C/E

F

G

H

I

J/K